# 結果を出すリーダーはどこが違うのか

竹中平蔵 編著

GENTOSHA

# はじめに　リーダーシップの有無が明暗を分ける時代

## リーダーを選ぶために10億円

リーダーシップが企業のトップや政治家にとっていかに大事かは、言うまでもありません。野村證券副社長、東京証券取引所社長を歴任し、小泉内閣時代には産業再生機構CEOを務められ、現在日本野球機構コミッショナーの斉藤惇《あつし》さんが、こんな話をしていました。

世界で重要な役割を果たしているテクノロジーの一つに、フラッシュメモリがあります。その技術は、日本の電機メーカーT社のまだ若い、中堅の技術者が考え出したものでした。しかし、それを企業のトップが充分評価できず、その研究者を大切にしなかったため、外国へ流出してしまったのです。

「あのとき、当時のリーダーがその技術をきちんと評価していれば、日本の企業ないし産業の形は違ったものになっていた」と、私自身も思います。

フラッシュメモリの発明者はT社を相手取った裁判の結果、８７００万円を支払ってもらいましたが、その技術を使っている世界の巨大ＩＴ企業は何兆円という単位で儲けているわけです。いかにリーダーという存在が重要であるかということが、指摘されているのです。

私は数社の社外取締役を務めています。社外取締役の重要な役割の一つは、次のリーダーを選ぶことです。アメリカの一流企業は、次のリーダーを選ぶための調査費にだいたい5億から10億円は使うそうです。さまざまな調査会社に頼んで、どういう人物がよいかをとことん調べるのです。日本の多くの企業では、前の社長が指名して、「君がんばってくれたまえ」という感じではないでしょうか。

考えてみれば、何千億円、場合によっては何兆円もの利益を上げる企業が次のリーダーを決めるのですから、5億円や10億円の調査費を使って決めるほうが断然いいわけですが、日本ではなかなかそういう思考にはなりません。

それだけリーダーというのはたいへん重要であり、特に現代のようにテクノロジーの発展によって社会の変化が早い時代には、リーダーのチョイスがすべてを決めてしまうのです。フラッシュメモリの事例は、その典型と言っていいでしょう。

## リーダーの形は一つではない

当然ですが、リーダーにはさまざまなタイプがあります。どのタイプが一番よいというわけではなく、いろいろな状況に合わせたいろいろなタイプのリーダーが必要であり、リーダーにもダイバーシティがあるということだと思います。

「リーダーシップ論」の書物もたくさんあります。

私が翻訳した、『最前線のリーダーシップ』という本があります。著者は、ハーバード・ケネディスクールのハイフェッツ（Ronald A. Heifetz）という教授です。当時ハイフェッツはケネディスクールで学生が最も講義を受けたい、人気のある教授だったそうです。

リーダーシップの専門家であるハイフェッツは、この著書の中で、非常におもしろいことをいくつか言っています。

中でも、最も印象に残るのは、「バルコニーに駆け上がれ」という言葉です。

リーダーというのは、組織の中に何か新しいものを持ち込む存在です。だからこそ、必ずリスクに直面する。新しい変化を持ち込むといいことがある半面、摩擦も必ず生じますから、それをあげつらう人たちに批判をされるわけです。

もちろんリーダーの地位を狙う人たちもおり、その人たちに刺されるかもしれない。特に政治家の中でリーダーの立場にいる人たちは、そうした危険に常にさらされているわけです。

だからこそ、ときどき現場から離れてバルコニーから俯瞰《ふかん》してみよ、ということをハイフェッツは言っているのです。現場は大事ですが、あえて距離を置くことによって自分の位置を確かめろという教えです。「バルコニーに駆け上がれ」という言葉は、その意味では政治の世界だけではなく、いろいろな場合に当てはまる重要な言葉だと思います。

## 「将たる所以」3つの条件

もう一冊、たいへん印象に残っているのは歴史家である梅原猛先生が書かれた、『将たる所以《ゆえん》――リーダーたる男の条件』という本です。

梅原さんは、聖徳太子や藤原不比等《ふひと》など日本の歴史に登場するさまざまなリーダーを挙げて、リーダーシップについて淡々と書いていています。

この本を読み終えて、私なりに把握したリーダーシップの条件は次のようなものです。

### 1. 自分の頭で考えて将来を洞察する力がある

これはリーダーにとってきわめて重要な力です。「あの人はこう言っている。この人はこう言っている。だからこうだ」と言うような人間はリーダーではありません。

あくまでも、自分で洞察しなければいけないのです。

いろいろな人の意見を参考にしながらも、「将来はこうなる」と、自らが世界と時代を見通す力を持っていること。「今世界はこういう位置にあって、今後、こういう問題が起こってくるだろう。だから、こうしなければいけないのではないか」と、洞察をする。自分で考えて、そのストーリーを生み出すのです。そういう力が、一つの条件だと思います。

## 2. 洞察したことを自分の言葉で語れること

語る力はリーダーにとってきわめて重要だと思います。今風に言えば「アカウンタビリティー」つまり説明責任ということになるでしょうか。自分一人ですべてのことをできるわけではありませんから、関係者、今で言うステークホルダーにそれをきちんと理解してもらい、説得できる力があること。

会社で言えば株主、銀行、そして従業員など、いろいろな人がいます。彼らに、語って聞かせなければいけないということです。

## リーダーはみんな話が上手

私は、「自分は口下手なのですが、どうしたらいいでしょうか」と聞いてくる学生がいると、はっきりとこう言うようにしています。

「そうか、君は口下手か。じゃあ絶対リーダーになるな。君みたいな人がリーダーになったらみんなが迷惑する」

もちろん私が言いたいのは、「語る力というのは訓練によって身に付くものだから、そういうふうに口下手だと頭から決めてかかってはいけない」ということ。諦める前に、語る努力をしろと励ましたいのです。

「語る力」という意味では、小泉純一郎さんの話は非常におもしろかった。私たちが「この人はリーダーだな」と思える人というのは、みんな話がたいへん上手です。その典型が、小泉元総理です。小泉元総理は、本当に毎回、話を聞くたびに私たちをうならせました。その力を、ご子息の小泉進次郎さんは見事に引き継いでおられると思います。

経営者の中ではソフトバンクの孫正義さんが典型でしょう。孫さんの話は、ものすごくおもしろい。

どんなに洞察力があり、いいことを考えていても、一人では何もできません。経営者であれ、政治家であれ、リーダーにとって語る力はきわめて大事です。

## 3. 組織のメカニズムを理解し、組織を動かす力

三番目は組織を作り、それを動かす力です。私が知る経済界の何人かのリーダー達は「これが実はきわめて重要」と指摘していますが、学者である私にはなかなか難しい。そのためにどうしたらいいかという知見がないので、私にとっての宿題にしておきたいと思います。

ただ一つ言えることは、その人の責任と権限が明確であって、かつその評価が公正に行われるような組織でないと、機能しないということです。それを作り、運営する力がリーダーには求められます。

## 複雑な時代に求められるリーダー像とは

いずれにしても重要な点があります。リーダーには、いろいろなタイプがあり、異なるタイプのリーダーが、その時代によって求められるということです。

極端なことを言えば、戦争をしているような変革期に求められるリーダーシップと、非常に平和な時期にみんなが安定的に何かを回していくときのリーダーシップは明らかに違います。ある時代に求められる優れたリーダーが、別の時代には求められないという場合もあるかもしれません。

今、日本は本当にいろいろな意味で大きく変化しなければいけない時代だと思います。2020年の東京オリンピック・パラリンピックに向けて、不動産の価格も上がっており、景気も緩やかに回復をしています。非常に重要な時代を迎えているのではないでしょうか。

それにもかかわらず、「基本の基本を考える」という意味で本質的な問題が、次から次へと積み残されていっている感があります。

例えば、高齢化の中で日本の人口の問題をどうしていくのか。労働力が不足する中で、移民や外国人労働の問題をどうするのか。企業としては、人工知能（ＡＩ）やビッグデータが中心になる第四次産業革命にどう対応するのか。現状、まともに議論されていません。

ほかにも問題は山積みながら、踏み込んだ議論がなされることなく、一見時代の空気は心地よく流れて行っています。しかしこのような時代だからこそ、真のリーダーシップが必要なのだろうと考えます。

ではいったい、真のリーダーシップとはどういうことなのか、これからの日本にどのようなリーダーが必要なのでしょうか。

歴史上の人物、政治家、経営者、スポーツ指導者……。これまでに現れたさまざまな分野のリーダーから、私が興味を持った人物について考察してみました。

そして、これらの方々に詳しい方々とも対談させていただきました。こうした対話を通して、あらためて私たちが、これからの日本における「真のリーダーシップ」について考えてみる契機となれば幸いです。

リーダーシップと一口に言いますが、それは必ずしも国や自治体、企業などのトップだけに必要なものではありません。

現代の仕事では、プロジェクト単位で進められることも多いですし、家庭においてもリーダーシップは必要です。いってみれば、置かれた立場で全員が「リーダーとしてすべきことを考える」という精神、まさにリーダーシップが必要な時代なのです。

この本で取り上げたのは、いわば「異色のリーダー」と言っていいでしょう。また、その人生の中でつらい時代を過ごし、その経験から学んでいる人物だとも言えます。自分だったらどうするだろうか——。彼らの人生とその体験を、引きつけて読んでいただければ、今後の仕事や生活において「リーダーシップ」というものが以前よりも理解できるようになるのではないか……そのように期待しています。

結果を出すリーダーはどこが違うのか　目次

## 第2章

## ‖政治のリーダー　小泉純一郎

## 第3章

# 歴史のリーダー　織田信長

# 第4章 スポーツ界のリーダーシップ

対談　竹中平蔵×二宮清純

# 第5章
# ビジネス界のリーダー スティーブ・ジョブズ



## 対談 竹中平蔵×井上智洋

装丁　秦　浩司(hatagram)
DTP　美創
編集協力　本郷明美
帯写真　マキノアツミ(竹中平蔵)

第1章

# 竹中平蔵
# ×
# 小泉進次郎
# 対談

リスクをとって挑戦した先に、
初めて見える景色がある

## リーダーたるもの恩を忘れない

**竹中**　今日はリーダーシップというテーマで小泉進次郎さんにいろいろ伺いたいと思います。どうぞよろしくお願いいたします。

**小泉**　リーダーシップの中で大切な要素の一つが、「恩を忘れない」ことだと思います。

もちろん誰にとっても大事なのですが、リーダーたるもの絶対に忘れてはいけない。

**小泉進次郎**（こいずみ・しんじろう）

第27代環境大臣兼内閣府特命担当大臣（原子力防災担当）、衆議院議員（4期）。1981年、横須賀市生まれ。2011年、自民党青年局長に就任。13年に内閣府大臣政務官・復興大臣政務官に就任。15年から自民党農林部会長として農政改革に取り組む。18年10月からは「進もう、人生100年時代へ。」をキャッチフレーズに、新たな社会保障の実現に取り組んでいる。

例えば、竹中先生がいなかったら小泉純一郎はないんです。小泉純一郎が5年5カ月もの間、総理大臣を務めることができたのは、竹中先生がいたからです。

竹中先生の引き際というのも、**今までの政治の歴史において例がない**と思いますよ。「小泉純一郎が総理を辞めるときが自分も政治家を辞めるときだ」と明言し、本当に辞められた。その思いがあるから、竹中先生からお願いされたことをできる限り私はやろうと誓っています。

そのほか、政治家として考えるのは、シンプルですが「人一倍がんばる」ことです。私が政治家になったのは28歳でした。今36歳（対談当時）ですが、ずっと最年少と言われ続け、一緒に仕事をする人は50代以上が当たり前。そういう環境で、いくら拳を振り上げて「ついてこい」と言っても誰も絶対についてきません。

特に政治家のみなさんにはそれぞれの思いがありますし、きれいごとだけではなく、裏でいろいろなこともあります。それでも、「小泉進次郎のことは気に入らないけれど、がんばってることは認めてやろう」、そう思ってもらえるように常に心がけています。

つまり、**誰よりも走ること、誰よりもやる**こと。シンプルに、そこです。そうでなければ、いくら頭に数字が入っていようと、難しいことをしていようと関係ないですね。

**竹中**　進次郎さんにお話ししたことがあるかもしれませんが、2005年に郵政民営化解散があったときのことです。結局、自民党と公明党と合わせて3分の2の議席をとって小泉さんは圧勝しました。その後、慶應義塾大学のある教授がおもしろいアンケート調査を行っているんですね。「あなたは郵政民営化に、どの程度、賛成だったか、反対だったか」という質問です。結果は、賛成のほうが反対より少し多いのですが、実は多くの人が「よくわからない」と答えているんですね。「ではなぜ、あなたは小泉さん側に入れたのですか」と理由を聞くと、ほとんどの人が、「小泉さんが、そこまで言うんだったらやってみてほしい」と答えている。政策の中身よりも、「この人が言うんだったら」ということなのですね。

これは、先ほど進次郎さんが言われた「恩を忘れない」、そして「とにかく一番走る」、こうした積み重ねに通じるのではないかと思います。政策はもちろん大事なのですが、その上で**全人格的な信頼のようなものをどこかで勝ち取る**必要がある。

それを、どのように勝ち取るかという方法は、いろいろなやり方があるでしょうが、こうした積み重ねが大切であるということ。これは本当に小泉純一郎さんが稀代のリーダーであったことの、一つの非常に大きな条件だったと思います。そして今、息子である進次郎さんは本当に日本中を走り回っていますからね。そういう姿が、政策に対する賛成、反対を超え、リーダーとして人を引きつける力になっていることは、間違いないと思います。

若手として「とにかく一番走る」、そのほかにもいろいろ気を使ってきたかと思いますがいかがでしょう?

## やるときには150点を取る覚悟で

**小泉**　年下として意識をしていたのは、例えば自分から手を挙げないということです。自民党が野党だったときは、特に国会の質問の機会がとても多かったんですよ。僕の同期が4人しかいませんし、委員会を掛け持ちして、ときには1日3委員会、4委員会で質問に立つということもよくありました。

国会の中で「花形」は、NHKの中継が入る予算委員会の質問です。僕は野党のとき、これを3、4回ぐらいはしているんですが、自分から手を挙げたことは一度もありません。

なぜかと言えば、誰もがみんなやりたいからです。竹中先生も一緒に仕事をした、「偉大なるイエスマン」と言われた武部勤さんという方がいましたよね。まだ現役の議員だった武部さんが予算委員会に出席されていて、「いやあ、進次郎君は、もうNHK中継の質問って何度やった?」と聞いてきたんです。

「3回ぐらいは、やらせていただきましたかね」と言ったら、「そうか。俺は国会議員になって30年以上だけど来週やるのが初めてだよ」と、ポロッと言われたんですね。そういう「声」を理解すること。そういった中で常に心がけていたのは、**自分から手を挙げない**ことでした。

**竹中**　ご自分からは、「何かをやらせてくれ」とは言わないということですね。

**小泉**　はい。意外に思われることが多いのですが、「やれ」と言われたらやる。そして、「やれ」と言われたときには期待されている以上の結果を出す。ぐうの音も出ないほど、です。

求められているところの及第点ではなく、100点満点のテストで、どうやったら150点を出せるのか。「若い人の抜擢《ばってき》」ですごく怖いのは、結果が出なかったとき一気に叩きつぶされることです。それでも、チャンスを2回目、3回目と与えられ続けるためには、その**与えられたチャンスで文句のない結果を出す**ことしかないんです。

塩川正十郎先生、「塩じい」と呼ばれた方がいらっしゃいました。ベテラン国会議員である「塩じい」が、国会の質問には3日間かけるとおっしゃっていましたが、私は、それどころじゃなかったですね。自分の能力を考えたら、3日ぐらいでは準備と言えないと考えていました。周りが、「さすがに、そこまでは詰めてこないだろう」というところまで詰めるには何をすべきかを、徹底的に考えました。

それから、これは理屈ではありませんが、エレベーターには絶対自分が先に乗らない。先輩がいたら必ず一番後ろから乗りますし、会議で意見があったときも、まずは先輩たちから手が挙がるのを見て、最後に「ちょっと申し訳ありませんが」とやる。民間の世界にはないと思いますが、国会では会議のとき言いたいことだけ言って帰る人がけっこういるんですよ。「俺は言ったぞ」ということを見せるためだけに……。若手は、それを絶対やってはいけないし、もし発言するのであれば、最後までその会議にいます。

そういった一つ一つを徹底的にちゃんとやって、**突かれるところを与えない**。「生意気だ、礼儀を知らない」と、何だって突かれる世界ですから、とにかく細かいことを含めて全部やっています。

これは、ある方が言っていたことです。プロ野球の球団を買収しようとして買えた人と買えない人がいる。ソフトバンクの孫正義さん、楽天の三木谷浩史さん、この二人は買えたんですよね。けれど、ライブドア（当時）の堀江貴文さんは買えなかった。なぜか。堀江さんだけ、球界のある方に会いに行くときにネクタイをしていなかったそうです。自分のスタイルを貫いて、Tシャツにジャケットで会ったために球団を買えなかったという話です。

これは、俗説ではあるのですが、ただ一つ言えることは、自分のスタイルを貫くべきところと、「そんなことを貫いて、いったい何になるの」というところをちゃんと峻別《しゅんべつ》することですよね。

**竹中**　その球界のある方には、私もたいへんお世話になりました。実は、その方が会長を務める某新聞に一貫して改革を批判されていたとき、あえて、その方に毎月会いに行ったことがあったのです。しかも、みんなにわかるようにあえてオープンに会いに行きました。それ以降、その新聞のトーンがガラッと変わったんですね。

ですから、おもねるわけではないけれど、**相手に合わせるところは合わせる、**ということも必要だというのは、私もよくわかります。

そして、リーダーたるもの24時間、脳細胞の隅々まで働かせて「何ができるだろうか」と考える、一種の集中力が非常に大事だと思います。

さらにリーダーになれば、ハイフェッツの言葉通り、必ずリスクに直面します。リスク回避という面では、進次郎さんの話で興味深かったのは、エレベーターには最後に乗るということ。

私は、小泉さんに一度だけ叱られたことがあるんです。実はそんなに大げさなことではなく、腕を組んでいたことなんです。小泉さんから、「竹中さん、それ、やらないほうがいい」と言われました。自分ではまったく意識しておらず、手持ち無沙汰だったので腕を組んでいただけなんですが、「それをやると、また『あいつは偉そうだ』と言われるよ」と。進次郎さんのエレベーターの話を聞いて、なるほど、そういうことの積み重ねなのかと、あらためて思います。

「足を組んでいるからけしからん」と言う人もいるし、いろいろな人がいますから、**リスクをきちんと管理する**ということなのだろうと思います。

進次郎さんにお願いです。日本をよくするために何か貢献したいという人はたくさんいると思うのですが、そういう人たちに対して進次郎さんが、今一番言いたいことは何ですか。

## 勝負を挑んだときにだけ見える景色

**小泉**　僕の中で、すごく明確なのは、「ポスト竹中」になってほしいということです。どういう意味かというと、今の日本に欠けている存在は、うちの親父のときにいてくれた竹中先生のような存在なんです。政治の世界では政治家として、行政の世界では大臣として、また民間としても専門委員などを経験し、政治、経済、日本を動かしていくうえでの重要な分野において、自分の見識を持っている存在。

ただし、それだけではだめです。なおかつ、説明する力がある。どの世代が聞いてもわかるよう、**難しい言葉を使わずに説明**できる。そういった人材になってほしいのです。

そして僕が今望むのは、そういう人材が政治の世界に来ることです。政治家として政治の世界に来るというだけではなく、いろいろな形で一緒に仕事ができる存在として、です。今ここにいる塾生のみなさんが、そんな存在になってくれたらなと心から思います。

そして、やはりリスクをとってもらいたい。リスクをとって挑戦をしたとき、答えがなく、落としどころがない勝負を挑んだときに初めて見える景色を見てください。

具体的に言えば、2016年の農業改革は本当に落としどころがない勝負だったんです。

相手は1000万人の組合員を抱えているJAグループです。しかも彼らは日本農業新聞という、自分のメディアを持っています。そして何より、政治、官僚の世界に、さまざまな人脈を持っている。国会議員の中でも、私のことを支えてくれている人のほうが少数派です。

けれど、そこに挑むという中で、初めてヒリヒリするような、**常に寝首をかかれるリスクを体験**しました。竹中先生もたくさん経験されているからわかると思いますが、夜に決まっていた合意事項が、朝起きたら平気で変わっていたりするんです。

そして、勝負がついたと思っても最後の最後まで諦めない人たちがいっぱいいます。法案を国会に出したあとに、どうやったらつぶせるかを考える人もいる。法律が通ったあとでも、どうにかして政省令でつぶそうと考える人がいる。さらには官僚OB、政治家OBを使って、裏で抵抗勢力作りに励む人たちもいるわけです。メディアに情報を流して、空気を作ろうとする人たちもいます。

その政治の荒波の中で、最初に抱えたものを運び切るということが、いかにたいへんな作業か。よく登ってきたなという世界です。落としどころが決まっている仕事だけやっていたら、絶対に見えない景色がありますし、そういった勝負に挑んで初めて真の友というのがわかります。そして、誰が敵かもよくわかる。

どんなときでも絶対支えてくれると思った人の中で、意外に支えてくれない人。はなから期待をしていない人で、やっぱりねという人。それから、最初から絶対協力してくれないと思っていたのに、実は最後まで支えてくれたのはこの人だったという人。

こうした人間関係は、一緒にお酒を飲んで仲よく話をしているだけでは見極められない。本当にヒリヒリしたところに勝負に行ったとき、どういうふうに手を差し伸べるか、どういうふうに手を引かれちゃうか、ということが見えてきます。そして、支えてくれた人とは、その後も、ものすごく**深いところで信頼できるパートナー**になれます。

自分にとっては、本当に大きな財産だったと思うのが去年の農業改革での経験です。

みなさんには、それぞれの領域で、そういう経験をしてもらいたいなと思いますね。

**竹中** 結論が出てしまったようです（笑）。今の話の中に、ものすごくいろいろな話が詰まっていたので、わくわくしながら聞いています。

## 緩急をつけて攻めに備える

**小泉** 例えば、こども保険について発信していることも、一つの勝負です。ものすごい批判が起きるのは、わかっていました。ただ、どういう声があがるか、どの程度の批判が来るのかはわかりませんでした。一つ言えるのは、**叩かれるネーミングじゃなかったらニュースにならない**ということ。叩かれないネーミングでは、政府の方針に入れるということまではできなかったと思います。

結果として、このネーミングは自分なりの一つの勝負だったわけですが、勝負をしようと思わせてくれた理由の一つは、ある仲間の思いです。僕を支えてくれていた国会議員の仲間の一人が、ものすごく強い思いを持って取り組んでいたんです。表に出るのは僕ですが、彼のその思いに応えられるのなら、どんなに叩かれてもいいと思わせてくれましたね。

政治は、一人だけでできるものではありません。その思いがあったから勝負に出られたというのもありますね。

ただ、**勝負に出るときというのは、それまで何をやってきたか**なんですよね。

常に好き勝手を言っていることを「勝負をしている」と見るのは大間違いで、抑制が利いているからこそ、勝負に出られる。

今まで「先輩どうぞ、先輩どうぞ」とやってきたあいつが、このときは、いきなり最初に手を挙げやがった——というところに意味があるんです。

**竹中**　攻めへの備えですね。

**小泉**　そうですね。緩急ですよね。

**竹中**　自分からは、例えば予算委員会の質問者になりたい、と手を挙げたりしない、言われたことは断らない。そうすることによって信頼を積み上げていく。それは「攻めへの備え」だということですね。おっしゃる通りだと思うんですが、進次郎さんのような立場になると、困ることもあると思います。

例えば、総理と幹事長から同時に、「自分の補佐官になれ」と言われたとします。そういう場合には、どちらかに対して丁重にお断りしなければいけない場合があるでしょう。要するに、**リーダーないしは将来のリーダーだ**と目されると、いろいろなリスクに直面します。この人をうまく担いで利用しようと思う人がたくさん現れるわけですよね。

そうした人たちに対して、すべて「わかりました」というわけにはいかないでしょう。うまく制御することが必要になってくると思いますし、実際制御してきたと思うのですが、何か指摘していただける点はありますか。

## いかにうまく断るか

**小泉**　おそらく政治の世界で特に大事なのが、いかにうまく断るかという力です。その断る力というのがすごく大切で、たいてい断られた側は、もう二度、三度、お願いをしてきます。余地を与えない断り方をしつつ、けれど、失礼には当たらない断り方をどういうふうにするか。これは日々、講演も含めて、いろいろなところで起こります。

「あっちを受けて、なんでこっちを受けてくれないんですか」と言われてしまう。断られた側に対しての配慮も含めて対応するというのがすごく大切で、常に考えますね。

それから、政治の世界では、断られるとわかっている人に何かをお願いするとき、断らせないように外堀を埋めるという手法があるんです。その手法とは、その話を外に出しちゃうこと。そして、もう空気を作ってしまうんです。

「そういう話が出ているのに断るなんて、ずいぶん恩知らずだ」というような、断る側が、まるで悪者だというような空気を作ってしまう。それを理解したうえで、どう**先手を打ってメッセージを発信しておくか**ということも、すごく大事ですね。

わかりやすい具体例を挙げると、2014年の都知事選挙のときに私が舛添要一さんの応援をするかどうかという話があったんです。

「自民党が野党だったときに『自民党は終わった』と言って出ていった人のことを、なんで応援しなきゃいけないんですか。大義もないですよ」

最初にポーンと言いました。あそこで言っておけば、都知事選の応援に一度も声はかからないんです。そうすれば、頼まれて、お断りをする必要がなくなるじゃないですか。

**竹中**　それが、ストーリーを自分で描いていくことの重要性なのだと思います。いわゆるリーク（情報を流す）という言葉があります。特に政治の世界で、リークというのは外堀を埋めるために使う場合もあれば、引き受けさせるためにリークさせる場合もあれば、つぶすためにリークする場合もある。そこは本当にケースバイケースで、リスクを管理しなきゃいけないということですよね。

**小泉**　ただ、**断るときはすぐ断れ**、受けるときは迷ってもいい。それが、たぶん一つの原則じゃないかと思います。

## 支えてくれる人を作る仕組み

**竹中**　おもしろいですね。僕は、前から進次郎さんに聞いてみたいことがあったんです。リーダーたるもの、まさに自分ですべてのことを決めていかなければいけないわけです。同時に、それをサポートしてくれる人たち、いわゆる仲間というか、志を一にする人たちを作っていかなければいけない。

本当に極限状態になると、**信用できる人か、信用できない人か**という問題が出てきます。

以前進次郎さんにお話ししたことがあるかもしれませんが、リーダーについて議論するとき、『13デイズ』という映画の1シーンが大変参考になると思うんです。『13デイズ』は、オドネル（ケネス・フィリップ・オドネル Kenneth Phillip O'Donnell）というケネディ大統領の首席補佐官の物語です。

1962年のキューバ危機というのは、まさに情報戦でした。ソ連がどう出るか、アメリカのCIAがどう動くかという情報戦で、どの情報が本当なのかわからないめちゃめちゃな状況です。そんな中で、ケネディが最後にものすごく迷うシーンがある。そのとき、オドネル補佐官が彼に言うわけですよね。「俺たちは、ここまで一緒にやってきたんじゃないか。ここはもう、自分たちを信じよう」と。オドネル補佐官は、ケネディのハーバード大学の同級生だったと思います。

このように、**最後の最後に自分を支える人たち、仲間が必要だ**と、この映画は教えてくれます。以前、私は進次郎さんに申し上げました。「日本を率いるリーダーとして、進次郎さんにより大きくなっていただきたい。同時に、進次郎さんを支える人も一緒に育っていっていただきたい」と。

進次郎さんは自民党の青年局長として全国を回られ、「進次郎シンパ」は、若い世代にたくさんいらっしゃると思います。今後もまさに一緒に育っていく、「仕組み」のようなものが必要だと思いますが、進次郎さんはどんなふうにお考えでしょうか。

**小泉**　今回、農林部会長という立場、また、こども保険などの提言をした「2020年以降の経済財政構想小委員会」の委員長代行。この二つの立場を経験した中で生まれた、同世代の仲間たちとの絆《きずな》は、これからどんな立場になっても続いていくだろう、得難い仲間たちを得たなという思いがあります。

農林部会は、いわゆる族議員の先輩方が強い世界です。いまだに自民党の中でも「インナー」という世界がある、珍しい政策分野なんですね。一部の人しか入れない場を、通称「インナー」と言うんです。そういった権力闘争、権力基盤がある中、**自民党史上初めて30代の農林部会長**である僕が生まれました。

やりたいことを進めていくための組織として、僕らの世代の議員だけで固めた「農林水産業骨太方針策定プロジェクトチーム」を立ち上げました。先輩の族議員のみなさんには、常時出席できる「顧問の先生方」になっていただくという組織図にしたんです。

族議員も若手も同じステージで政策をつくるということにしたら、たぶん、ぶつかってしまいます。プロジェクトチームがやるべきことの立案をして、顧問である族議員の先生方に「自分たちが考えてきたことは、これなんです。どうか、ご理解よろしくお願いします」とやることで、物事を前に進めやすくなる。若手と先輩の議員たちとで、別のステージをつくって上げていくという組織図をつくったおかげです。この組織作りを一緒にやってくれた仲間たちとは、「いったい小泉進次郎は何をやりたいんだろうか」というテーマで毎週会議をやってましたから、それを常に共有して動いてくれました。

会議では、部会長の僕は議長のようになりますから、自分で「これをやりたい」と言ったら終わりです。代わりにそういう仲間が、僕が言いたいこと、本音を発言してくれたりと、農林部会では本当によく助けてもらった。これは、すごい財産ですね。

もう一つの「2020年以降の経済財政構想小委員会」は、衆議院議員は3回生まで、参議院議員は1回生だけという縛りをかけてメンバーを決めたんです。ですから、国会議員になってから自分が思い描く**将来像をぶつけ合う場に飢えていた**若手たちが、集結できたんです。「今までこんな場がなかった。本当に作ってくれてありがとう」という思いで、こども保険のアイデアにしても、こっちが驚くぐらい、みんなが自分のこととして動いてくれました。

この経験はとても大きく、これからもお互いが、それぞれどんな立場になっても、日本の未来を議論し描いていく仲間となるきっかけになったのではないかと思います。

## 「場作り」で勝負が決まる

**竹中**　今の話の中で、またリーダーとしての一つのキーワードが出てきたと思います。「場作り」とおっしゃいましたよね。場というのは、要するに「枠組み」ですよね。枠組みをどう作るかで、ある意味、勝負がつくところがあるわけですね。

例えば「枠組み」として私が一番印象に残っているのは、東日本大震災のあとにできた復興構想会議です。あの枠組みを見た瞬間、「あっ、これは失敗する」と思ったんです。委員の数が、20名くらいなんですよ。しかも各省庁から秘書が全部張り付いて、これは要するに20名に勝手なことだけ言ってもらって、「あとは役所がとりまとめます」という構図だとすぐわかる。場の作り方で、全部、勝負がついているわけです。

同じような経験から言うと、道路公団の民営化もあります。小泉総理のリーダーシップで**道路公団の民営化を行い、成果を挙げた**んですが、当時中心となった猪瀬直樹さんがものすごく苦労されたわけです。なぜ、あんなことになったのか。それは事務局が国土交通省だったからなんです。

ですから、郵政民営化をやると決まったとき、私は小泉総理に提案しました。「通常なら担当の総務省、元の郵政省が事務局をやることになるんですが、やめましょう。総務省、郵政省が担当したら、道路公団の民営化のときと同じように、ものすごく混乱するから、事務局は総理直轄にしましょう」と。

そこで、総理直属の郵政民営化準備室というのを作ってもらいました。道路公団の民営化のときは、「道路公団民営化準備室」を作らず、国土交通省に事務局を作ったことが混乱の原因だったのです。

場をどう作るかというのが、たぶん、今後、リーダーにとっては、ものすごく重要なことになると思います。そこで**勝負が決まる**ようなところがある。

進次郎さんは、非常に強い結びつきが持てる、問題意識を共有できる場を2つ作られたということだと思います。

## パブリック・インテレクチュアルズをどう育てるか

**竹中**　次のテーマに移ります。進次郎さんの話は、すごくわかりやすいし、説得力がありますよね。進次郎さんが留学されていたコロンビア大学には優れた先生がたくさんいらっしゃいます。日本の政治、経済に詳しい先生では、ヒュー・パトリック(Hugh Patrick)先生がいらっしゃいますね。私はパトリック先生とよく話す仲で、パトリック先生は日本政治に詳しいジェラルド・カーティス(Gerald L. Curtis)先生と非常に親交が深かったと思います。

そのカーティスさんがよく使う言葉で、パブリック・インテレクチュアルズ(public intellectuals)というものがあるんですね。

パブリック・インテレクチュアルズとは、つまり**専門性を持った知的な人であり、同時にパブリックと対話できる人**。これはまさに、説明能力があり、わかりやすく議論し、しかもきちんと専門性を踏まえている人ということなんです。

日本の場合、象牙の塔と揶揄《やゆ》されるような閉鎖的な社会にいる学者は、一般的にはわけのわからない議論をしていて、結論が伝わらない。一方で、ワイドショーに出てくるコメンテーターは、ものすごくスパッと言うんだけれども、実は言っていることの根拠がほとんどない。

日本には、本当の意味でのパブリック・インテレクチュアルズが育っていない。このパブリック・インテレクチュアルズをどのように育てたらいいかというのは、リーダーだけの問題だけではなく、社会全体の問題としてあると思います。

これについては、何かお考えはありますか。

**小泉**　僕は、竹中先生に「なぜポスト竹中が生まれないんですか」と聞いてみたいんです。僕が発信するときに気をつけていることは、「聞いている人の情報源は何なのか」を考えながら話すということです。

今自分は、何をニュースソースにしている人たちに話しているんだろう。どこまで物事に理解がある人たちに向けて話しているんだろう。

たぶん、この塾生のみなさんの中でも、**新聞を読んでいる人、いない人**、ネットニュースだけの人、複数のソースを読む人、さまざまだと思います。僕の立場だと、農家のおじいちゃん、おばあちゃんと話すとき、みなさんのような人と話すとき、ずっとニューズピックスを読んでいるような人と話すとき、LINEニュースかヤフーニュースを読んでいるような人……など、いろいろな場所で誰に対しても一発でわかるような話し方をしなければ、言いたいことは伝わらないと思うのです。

おそらく、今のパブリック・インテレクチュアルズの必要条件だと思うのは、**どの場に行っても共通言語が持てる**こと。竹中先生はこの能力を持っていらっしゃると、僕は思っています。どんな会場に行っても、竹中先生の話は一発ですっと入ってくる。

それに近い能力を持っていると僕なりに思っているのは、林修さんです。どんなに難しい話でも、まるでもともと自分が知っていることを話してくれたかのように錯覚しませんか？　あの能力は、日本の中で今竹中先生と林先生がピカイチだと思います。ちょっとタイプが違うところに、池上彰さんがいるかなと、そんな感じで分析しています。

## 重要なのは情報を捨てる力

**竹中**　いや、私自身はそんなにたいしたことはありませんが、実は小泉総理から教えていただいたことがあるんです。私が大臣になる10年くらい前に勉強会をしていたのですが、私が説明するとき小泉さんは目をつぶって聞いているんです。

メモはほとんどとらないので、最初はちゃんと聞いてくれていないのではないか、寝ているんじゃないかなど、いろいろ思いました。ところが、このスタイルはその後総理になって、総理執務室で私が大臣として説明するときも一貫していました。

あとから気づいたんですが、これは全部、**枝葉の部分を切って捨てているん**ですね。この話の中で、自分が考えなければいけない「幹の部分」は何なのかということを、目をつぶって聞きながら決めているわけです。そして、幹の部分を腹に落とす、腑に落とす。腑に落ちたことというのは、ものすごく強い明快な言葉として出てきます。

結局、重要なことは、情報を捨てることなのですよね。小ネタの情報を捨てることで、本当に大事なことをためていくということ。

小泉さんはリーダーとして、その「幹」を見極める力がものすごかったと思います。大企業の社長や、総理などになると、ありとあらゆることを考えなければいけないわけですよね。そのとき重要になってくるのは幹の部分で、枝葉の部分は任せられる人に任せる。日本企業のリーダーを見ていても、**任せられない人はとても多い**ですね。任せるというのは、すごく度胸がいる。ある種の割り切りがいる。そして「自分がこの人を選んだ」という選択眼に自信を持たなければいけないから難しい。

幹を見極めるというのは、私自身が小泉さんから学んだことであり、これからパブリック・インテレクチュアルズが育っていくために必要な考え方だと思います。ジェラルド・カーティスさんが常におっしゃることですけれども、そういうことが今の日本に必要なのかなというふうに、今の意見をうかがって思いました。

**小泉**　よくわかります。

**竹中**　農林部会長を引き受けた話に戻ります。あのとき、私はよく引き受けたな、と思いました。本当に落としどころのない、答えが出せないようなところで、意見は違っても、とにかくみなさん部会長に一目置く。そういう状況を作り出している進次郎さんは、本当にすごいリーダーだなと思います。さっき枠組み、場を作るとおっしゃいましたが、関連して言うならば、農林部会長になって最初にやったことというのは、やはりとてもおもしろかったと思うんですよ。

今まで農林部会の文書が、全部縦書きだったのを横書きにしたんだそうですね。これはパッと景色を変えているんですよね。縦書きを横書きにする。簡単なことのようで、実は**違う世界がやってくるんだよというメッセージ**を与えている。非常にすごいことをやったと思いました。

先ほどの話の中で重要なのは、「極限状況」ですよね。私も一学者から急に大臣になって、公人の責任ある立場というのは本当に極限状況だなと思いました。

毎日、どの瞬間も戦争をやっているのと同じで、どこから刺されるかわからないし、不用意なことは言えません。この極限状況を続けていく、そして負けないためにどうしていくかというのがリーダーになるうえで究極的な条件の一つだと思うんです。

まず、「極限状況を避けるな」というのが大変重要な進次郎さんのメッセージだと思います。極限状況においてこそ自分は成長する、極限状況に置かれた場合にどういうふうに自分自身を制御していくのか。将来、そういう場に直面する可能性の高いみなさんへ、伝えたいことはありますか。

## 「自分で選んだんだからな。忘れるな」という父の言葉

**小泉**　極限状況で耐えられるか、耐えられないか。この分岐点は、たぶん、その世界にいることを自分が選んだか、選んでいないかだと思います。もう、本当にそれだけだと思います。耐えられなかったら、やめればいいわけですから。

僕自身、政治の世界は、親父のあとを継ぎたいと自分から選んだ世界なんです。「継げ」と言われて入ったわけではないので、いやならやめればいいということなんですよね。

本当に極限状況が日々続き、マスコミにもずっと追われ、プライバシーもありません。時には、アメリカの生活でしていたような、**スタバのテラスでコーヒーを飲みながら読書する**時間をもう自分は持てないんだ、あの時間を恋しいなと思うこともあり

ます。

だけどどんな犠牲があっても、「その世界を選んだのはお前だ」と言われたら、その通りなんですよ。だから結局、極限状況に耐えられないということは、「その世界は本当に自分が選んだんですか」という**問いを突きつけられている**ことだと思います。

だから僕はいつも、いろいろな人に「自己決定してください」と言います。たまたま先日、就職の相談に来られた方がいました。相談に来たのは、A社、B社、両方とも超有名企業の内定をもらった本人とそのご両親です。本人はA社に行きたいが、両親はB社のほうがいいと思っているんです。

たしかにB社のほうが業務内容はグローバルで、将来のことを考えたら幅が出るかなと僕も思いました。けれど本人は、仕事はローカルだけれどA社に魅力を感じていると言います。ご両親を目の前にしてたいへん申し訳なかったけれど、僕は「親の言うことを聞かないほうがいいよ」と言ったんです。

「親の言うことを聞いて、結果的に大正解だったと思うならいいかもしれない。けど、もしも、最悪な上司に当たってみな。パワハラにあったとか、ブラック企業で精神的に病んだとか。そうなったときに、きっと親のせいにするんじゃない？　だったらうまくいくかどうかはわからないけど、この道は、この会社は私が選んだんだという選択をすれば、悩んだとき、つらいときに、『選んだのは私なんだ』って思える。それが最後の最後、極限状態のときに、**がんばろうっていう力に変わる**よ。だから自分で決めな」と言ったんですよ。すべての世界、そこじゃないかなと思いますね。

**竹中**　いや、本当に重要なことだと思います。私も鮮明に思い出しました。ちょうど進次郎さんが初めての選挙に出るとき、小泉総理と食事をする機会があったんです。「進次郎さん、いよいよ立候補されますね。どんなアドバイスをされたんですか」と聞いたら、「いや、一言だけ言った。『自分で選んだんだからな。忘れるな』。それだけ言った」と。

どういう言い方をされたかまではわかりませんが、選んだ進次郎さんもすごいし、そういうアドバイスをされる純一郎さんもすごいなと思ったのを覚えています。

進次郎さんはコロンビア大学で勉強されましたが、コロンビア大学にインドから留学してきた学生が行ったおもしろいリサーチを記憶しています。

フォーチュン100か、200だったか、トップ企業のCEOに、「あなたはどうして社長、CEOになれたと思いますか」というアンケート調査をしたんです。すると、一番多かったのは「それは自分のやりたいことをやったからだ」という答えだったそうです。

結局、**本当に自分がやりたいこと**をやって、自分で選択したからこそ、がんばれる。人のせいにしないで、がんばれる。そういう点がきわめて重要なのだと思います。

ありがとうございました。

※この対談は竹中平蔵のオンラインサロン「竹中流21世紀リーダー塾」内のイベントとして、2017年7月2日に塾生たちが自ら企画・運営したものを加筆修正したものです。

第2章

＝

# 政治のリーダー
# 小泉純一郎

常に基本に立ち返る
BACK to BASIC

対談

竹中平蔵 × 清水真人

## 常に「BACK to BASIC」

リーダーとして最初に取り上げるのは、小泉純一郎元首相です。私は小泉内閣で、経済財政政策担当大臣や金融担当大臣などを務めました。およそ5年半にわたって、内閣の一員として、身近に見てきた政治家です。

私が「リーダー」と聞いたとき、真っ先に浮かぶ人物であり、それだけの「すごみ」を備えた人物だと捉えています。

その小泉純一郎さんの特徴を考えてみたいと思います。

小泉さんの、どこがすごいか。最大のポイントは、**常に基本に立ち返って、基本をたいへん大事にしてきた**ことではないかと思います。

私はこれを「B to B」と呼んでいます。BACK to BASIC、という意味です。

2001年、最初に小泉さんが組閣したとき、派閥に相談せず、いわゆる「一本釣り」を行いました。党内からは「独裁的だ」と批判されましたが、これは憲法の規定通りなのです。

憲法第68条には、「内閣総理大臣は、国務大臣を任命する」とあります。

2005年、小泉さんは国会で郵政法案を否決されたときに衆議院を解散しますが、これも憲法の規定通りです。内閣は、必要あれば「解散することを上奏する」、つまり陛下にお願い申し上げる。このときも「独裁的」などと言われましたが、これも憲法通りであり、非常に基本に忠実だと言えるでしょう。

また、小泉内閣の時代に、衆議院議員選挙があったときのことです。当時の野党第一党の民主党のCMは、党首の小沢一郎さんが船を操縦しているという設定でした。大波が来て、小沢さんが後ろによろめき、鳩山由紀夫さんと菅直人さんがそれを受け止めます。つまり、「民主党はトロイカ体制でやっていきます」というメッセージでした。これを見て多くの政治家は、こう語っていたものです。「船長は舵を離してはいけない。どんなに高い波が来ても離しちゃだめだ」

その意見もよくわかるのですが、小泉さんの批判は**もっと基本的で、しかも痛烈**でした。「政治家は演技をしちゃいけない」と言うのです。

たしかに小沢さんも、菅さんも鳩山さんも演技をしています。演技というのは、たしかに「ウソ」です。小泉さんは、「ウソを見せてはいけない、政治家は常に誠実でなければいけない」と言うのです。そのコメントを聞いたとき、「すごい。視点がベーシックだ」と思ったのを覚えています。これもやはり、「BACK to BASIC」なのです。

また、小泉さんは無党派層の話をしょっちゅうしていました。「与党の政党支持率が高いといっても、たかだか二十数%。大多数の無党派層を取り込まなければ、本当の民主主義にならない」。これもまた、**民主主義の基本を大切にしている**例だと思います。

## 郵政民営化への強烈なパッション

小泉さんの特徴の2つ目は、強烈なパッションを持っている、ということです。何のためにリーダーになったのか——。多くの場合、リーダーになること自体が目的ではなく、何かを実現するための「手段」であるはずなのです。

私は、これをやるために社長になった、総理になったのだという「パッション」がないと誰もついてこない。今、巷《ちまた》で行われている「忖度《そんたく》」の議論はおかしいと思います。パッションを持った人がリーダーであれば、忖度するのは当たり前ではないでしょうか。忖度されないようなリーダーは、リーダーではないと思います。

小泉さんは、「郵政民営化のためなら俺は死んでもいい」というパッションを持っていました。そうしたパッションが、情熱的で力のあふれる表現になって現れるし、強い姿勢や気迫になって現れる。

「郵政民営化」のために小泉さんが使った、巧妙な戦略があります。

日本が採用している「議院内閣制」というのは、**政府の決定と国会における与党の決定**が一致していなければいけない制度です。政府つまり行政の最高機関「閣議」と並行して、与党の最高機関「総務会」での決定が必要です。まさに「政府・与党一体」なのです。

しかし、実は総理が記者会見や選挙の演説などで言ってしまえば、与党は反対できなくなってしまう。いわば、政府・与党一体というシステムのグレーゾーンです。ですから、党内で反対されそうなことは、事前に小泉さんが言ってしまうようにしていたのです。郵政民営化のときは、その年の施政方針演説で、与党内に十分根回しをせず、その内容を入れ込みました。私は、「その部分は書かせていただきます」と言って書き、演説の数時間前にカセットのようにその内容（分社化することなど）をはめ込みました。直前に、当時の細田博之幹事長に「こういうことを言います」とだけ伝えました。私は当然怒られましたが、小泉さんが施政方針演説で言ってしまえば党としても通さざるを得ません。

これもまた、「郵政民営化」という目的のためには**総理大臣の権力を最大限に使う**という作戦でした。

## 戦略は細部に宿る

最後に、小泉さんの特徴として一見パッションと対照的だと思われるかもしれませんが、「戦略は細部に宿る」という点があります。

リーダーですから、すべてに関わることはできません。けれど、「このポイントをはずしたらだめだ。ここを突破口にすれば必ずうまくいく」というキーポイントがあります。その**キーポイントを理解し、そこだけはちゃんとやると見極める**ことが必要です。

「戦略は細部に宿る」。これをはずしたら、パッションがあってもうまくいきません。そのポイントを理解して実行することが、たいへん重要ではないかと思います。

2003年5月、りそな銀行に公的資金が注入されました。その1カ月後、私は小泉さんに呼ばれて「いよいよ郵政民営化をやる」と告げられました。これはたいへんなことになる、命運をかけた仕事になるなと思いました。このタイミングをあとから振り返ると、本当によく考えているなと感じます。

前身の郵政公社は生田さんが総裁でしたが、その任期は2007年まで。そこで2007年に郵政民営化をやろうと思ったら、2005年に法律を通さねばなりません。法律を実行に移すためには、2年くらい準備期間が必要です。そう考えると、2003年くらいから準備を始めなければなりません。法案の準備期間を考えると、不良債権処理の目途《めど》がついた、この時期しかなかった。細かいスケジュール感のようなものが、小泉さんの頭にはあるのだなと思いました。

## リアリスティックな闘いの天才

以前、小泉進次郎さんと話したとき、「親父は派閥を否定したけれど、派閥思いの人間だった」と言っていました。

リーダーはいろいろな経験を経て育っていきます。ハイフェッツの理論によれば、「リーダーは常にリスク管理をしなければいけない。常にケンカの仕方を考えなければいけない」。

リーダーは闘わなければいけないが、すべての人を敵に回しては勝てません。どこで闘って、どこで**人を味方につけていく**か、つまりリアリスティックな闘い方をしなければいけないのです。私は小泉さんを見ていて、まさにこの「リアリスティックな闘い」をしていると感じました。

パッションを持ってぶつかり、すごいバトルをするときと、リアリストとしてうまくおさめるとき、そのさじ加減が絶妙でした。

郵政民営化に着手する直前に、小泉内閣はいわゆる「三位一体の改革」を進めていました。

「三位一体の改革」とは、地方分権を進めるために補助負担金を縮減し、**地方に権限、そして税源を移譲する**ことです。

小泉さんは、私たちにあれこれ言いません。私や塩川正十郎（当時財務大臣）さんが、「まだこれだけです。全然進みません」と小泉さんに報告します。すると、「もうこんなに進んだか。まあがんばってくれ」と言うだけです。その後なんとかまとまると、その日に主要閣僚と与党幹部を呼んで、帝国ホテルで慰労会を催しました。

「ごくろうさん、よくがんばった」とみんなをねぎらったあと、小泉さんの言葉の調子が急に変わったのです。

「みんな覚悟しとけ。これからたいへんなことが始まるからな。自民党はたいへんな男を総裁にしたからな。覚えとけ」

みんな和気《わき》藹々《あいあい》だった空気が変わり、ぽかんとしてしまいます。そういう「スイッチング」のようなことが天才的にうまかった。

また、郵政民営化の審議の途中、自民党内で意見がまとまらず、党の幹部が官邸に押しかけて総理に直談判をしようとしたことがありました。私もその報を聞いて官邸に駆けつけ、同席しました。

幹部たちは、「これとこれは通すから、これは降ろしてくれ」と小泉さんに交換条件を迫ったのです。小泉さんは、黙って聞いたあとものすごい迫力で言いました。

「みんなの意見はわかった。けれど私は変えない。それでも反対したらどうなるか覚悟しとけ」

みんな迫力に呑まれ、黙ってしまい、すごすごと引き上げていきました。

その「切り替え」がすばらしかった。闘わなければ新しいことはできません。しかし、３６０度敵に回してしまっては勝てない。その闘い方は、リアリスティックでなければならない。小泉さんという人は、まさにその**リアリスティックな闘い方ができる人**です。

## 私の役割は「憎まれ役」

かつて田原総一朗さんが、「小泉内閣には竹中さん、飯島勲さん、亀井静香さんのそれぞれの役割があった」と言っていました。

当時亀井さんが、「反改革」、いわゆる「抵抗勢力」の象徴的存在でした。田原さんは、亀井さんがテレビに映れば映るほど、小泉さんの支持率が上がる、というのです。そ また構造改革を進める私は、どうしても**官僚たちにとっての憎まれ役**になります。そんな官僚たちの「駆け込み寺」が飯島首席首相秘書官でした。飯島さんは、官僚たちの愚痴を聞き、「竹中はけしからん」と彼らに理解を示す。すると官僚はその場はおさまって、またがまんをして仕事をします。

これが三人が担っていた機能(ファンクション)なのです。小泉総理は、偶然ではなく、かなり計算してこの仕組みを作っていたと思います。

私は飯島さんと挨拶くらいはしましたが、小泉内閣を支えた5年5カ月間、実は2人で話したことはほとんどないのです。小泉さんに「飯島秘書官と話したほうがいいですか」と言うと、「いい、俺がやっておくから」と言います。要するに、**「ファンクション」のコントロールを総理がしていた**のです。たづなを、総理がすべて握っていた。

他の内閣はちょっと違う感じがします。多くの場合、官邸の首席秘書官がすべてやろうとしているから、なんだかぎすぎすしてしまうのです。

もう一つ、世間に知られていない「裏の仕組み」がありました。

私は「表の仕組み」として経済財政諮問会議を担当していましたが、その会議を一回行うために、必ず「裏」の会議を何回かしていたのです。まさにストラテジー・ミーティング（戦略会議）です。

当時の官房長官と私、諮問会議の主要メンバー、そこに当時の官房副長官だった安倍晋三さんも入っていました。毎週日曜の夜9時から、表の会議のための裏の会議を行うのです。安倍さんは、小泉政権の最後の頃は官房長官になっていましたが、「5年5カ月、毎週日曜のこの会議がばれなかったのは奇跡だ」と言っていました。

日曜の夜、多くの人は休んでいます。財界の方も、箱根でゴルフをやったあとに駆けつけます。こうした「裏の仕組み」がすごく大事であり、小泉さんという人は、そういうマルチのタスクの積み重ねをうまく束ねるところが、リーダーとしてとても有能だったのではないかと思います。

## 鳥の目で見る

当時、郵政民営化の反対派の象徴が、衆議院議長を務めた綿貫民輔さんでした。綿貫さんは**郵政民営化法案に反対票**を投じ、解散後の総選挙で自民党の公認を得られず離党、その後国民新党を立ち上げて、その代表となった人です。

あるとき、小泉さんが問いかけてきました。

「私が国会議員になってから、一番お世話になって、一番カラオケに一緒に行ったのは誰だと思う？」

私は「わかりません」と答えました。

すると小泉さんは、ぽつんと「綿貫さんなんだよ」と言うのです。

綿貫さんは、小泉さんにとって政治家としての先輩であるのはもちろんですが、慶應義塾大学の先輩でもあるのです。その綿貫さんと敵対し、結果的に自民党から追い出してしまった。

「これが権力っていうもんだよな。権力ってこわいよな」と小泉さんは言っていた。

綿貫さんが心から本当に郵政民営化に反対だったのかはわかりません。西南戦争の西郷隆盛のように、反対派に祭り上げられたのかもしれません。個人的に親しくても、闘うときは闘わねばならない。小泉さんが権力というものを客観的に、鳥の目で見ていたところがあったのが印象的でした。

リーダーは目の前のことにパッションを持って、戦略は細部に宿るということも踏まえて、全力でやらなければいけないのですが、同時に「鳥の目」で**全体を見なくてはならない**と思います。

前述したハイフェッツの言葉、「バルコニーに駆け上がれ」にあるように、ときどきバルコニーから、「鳥の目」で全体を見る。小泉さんは、そういうところもできていた。小泉さんは、総理の辞め方も見事でした。ある経済人は、「小泉さんがあんなに早く辞めるから困ったことになったんだ」と言っていましたが、自分のために自民党の規定を曲げ、任期を引き延ばすことは絶対にいやだったのだと思います。

過去数十年を振り返ると、**総理官邸を笑顔で去った総理**は、２人しかいません。中曽根康弘さんと小泉さんだけです。あとの人はすべて、途中で辞めざるを得なくなって去っているのです。そういう意味でも小泉さんはすばらしかった。

## 後継者は育てるものではない

小泉内閣が終わる前々日に、小泉さんは数人の方々を公邸に招待していました。私も呼んでいただいたのですが、そのとき小泉さんがひとりごとのように話していたことがあります。

「総理になったらいろいろな人がいろいろなことを言ってくる。民間の人の話はよく聞けばいい。情報は必要だから聞けばいいが、そのときはこちらからは何も言わないほうがいい。何も言わずに、自分で考えに考えて、いろいろ決めていく。それが必要だ」

これは**おそらく近くにいた安倍さん（次期総理）に向けて言っていた**のだろうと思います。そのあとで、おもしろいことを言ったのです。

「民間人はしゃべるからな」

これは、非常に権力の本質を突いている発言だと思います。権力を持ち、責任がある立場になると持っている情報をうかつに話せなくなるのです。ところが、そういう権力も責任もない人は、「今日総理と会ったんだ。こんなふうに言っていたよ」とつい話してしまいます。そういうことも含めて、小泉さんは本質を見抜いて、それを安倍さんに話していたのだなと思います。

だからといって、安倍さんを「後継者として育てよう」などという意識はなかったのではないでしょうか。

小泉さん自身が、誰かに後継者として育ててもらったとは思っていないでしょう。内閣を遂行するにあたって国民からの支持が高かった安倍さんを幹事長、そして官房長官に据えたのは、あくまでも小泉内閣をよくするためでした。

結果的に、世論調査で安倍さんの支持が高く、その後首相になったという成り行きです。

小泉さんは、最近、石破茂さんなどポスト安倍と言われる人達に対してちょっと厳しい発言をしていました。

「総理の座というものは禅譲なんかで絶対転がり込んでこない。権力というものは取りに行かなきゃだめなんだ。自分から取りに行くという姿をこういうときになぜ見せない。なぜもっと発言しないんだ」

総理を志す者は、**自分で育っていくもの、自分で権力を取りに行くもの**——そう考えているのではないかと思います。

## どす黒いまでの孤独に耐えられるか

思い返すと、小泉さんはあらためてすごいリーダーだと思います。本当にぶれることがありませんでした。

何かを相談すると、「当初の方針通りやってくれ」と何度言われたことでしょうか。私が、「今こういう反対にあっていて、まだ説得できません」と言うと、「そうか、当初の方針通りやってくれ、当初の方針通りやってくれ」。

それだけでした。はじめは「まかせる」と言っていても、次第にまかせておけなくなり、いろいろ口出しをしてしまうリーダーがほとんどではないでしょうか。この一徹さはすごいなと思いました。

そして、小泉さんは「トップダウン」と言うのですが、「民間にできることは民間で」「地方でできることは地方で」という考え方でした。つまり、**可能な限り現場にまかせる**ということなのです。現場にできることは現場にやってもらおう、その枠組みを作るのが政治であるということです。

ただしその場合にも、「戦略は細部に宿る」で、「これとこれだけはきちんとやってくれ」というポイントの指示はきちんとする。そのあたりの勘所が、すごいところだなと思います。

総理大臣ともなると、たいへんな孤独です。小泉さん自身、「どす黒いまでの孤独に耐えられないと総理はやっていられない」と言っていたそうです。

小泉さんは、テレビ画面では熱く演説をしている印象かもしれませんが、普段は本当に寡黙《かもく》な人でした。

一人遊びが得意で、好きなのは**コンサート、映画、オペラに行く**ことであり、読書家でもあります。永田町では「変人」と言われましたが、一般人としては決して「変人」ではありません。

まさに「孤独と沈黙に耐えられる人」であるからこそ、ぶれずに方針を貫くことができたのかもしれません。

対談

# 竹中平蔵×清水真人

**清水真人**（しみず・まさと）
日本経済新聞編集委員。1964年京都府出身。東大法学部（政治コース）卒、日本経済新聞記者に。政治部、経済部、ジュネーヴ支局長を経て2004年からコラム担当の編集委員。日経電子版に隔週火曜日に「政治アカデメイア」を連載中。最新刊は『平成デモクラシー史』（18年　筑摩書房刊）。1990年代から政治改革、橋本行革、司法制度改革、地方分権改革などが次々に進められた壮大な「統治構造改革の政治史」を描く。

## 小泉さんが総理になるとは誰も思っていなかった

**竹中**　小泉さんが首相当時、最も信頼するジャーナリストであったのが、日経新聞記者の清水真人さんです。清水さんと、あらためて小泉さんという「リーダー」について考えていきたいと思います。

清水さんは、小泉さんとの出会いはいつ頃でしたか？

**清水**　1990（平成2）年、私が20代の記者だったころ、自民党の第2派閥だった清和会の担当になりました。当時は、安倍首相のお父さん、安倍晋太郎さんが清和会の領袖《りょうしゅう》でした。現在の細田派ですね。小泉さんは、衆院当選7回、中堅から幹部議員になろうかという時期でした。

当時から永田町では一言居士的な言動から「変人」と言われていましたが、仲間は大事にしますし、義理人情に厚い「浪花節」の方でもあります。ただ、数の力という意味での派閥政治を嫌っていました。当時、田中角栄さんからの流れをくむ最大派閥の経世会が主流として権力を握り、小泉さんのいる清和会は反主流の時期が長かった。小泉さんも認めていますが、権力闘争では負けてばかりの派閥で、小泉さんが総理になるとは誰も思っていなかったですね。

**竹中**　95年に初めて総裁選に出たときには、清和会から誰も候補がおらず、「このままでは派閥が先細りになる」と**惨敗覚悟で出馬した**そうですね。

**清水**　当時河野洋平さんが自民党総裁でしたが、下野した時に選ばれた人です。その後、本格総理候補として橋本龍太郎さんが総裁選に出馬することになり、河野さんは現職なのに勝つ見込みがないと出馬を取りやめたのです。そこで、小泉さんが、勝算がなくても誰かが出なければ橋本さんの無投票当選になってしまうと、出馬することにしたのです。ただ、当時から小泉さんは「郵政民営化」を持論としていたのですが、自民党だけではなく、野党もすべて反対していました。「郵政民営化を言うなら推薦しない」という清和会の議員も多かったのですが、なんとか届け出当日朝に必要な推薦人30人を集めたのです。

**竹中**　2度目の総裁選では、**世論調査で1位を取りました**が、派閥の論理には勝てずにまたも惨敗。2001年の3度目でついに勝利を収めました。誰もなると思っていなかった小泉さんが、総理になられたのです。しかし、橋本龍太郎さんの秘書官だった江田憲司さんが、こう言っていました。

「小泉さんという人は、総理になってこそ輝く人だ」と。非常にうまい形容だと思います。

## 権力の本質を考え抜く

**清水**　小泉さんは、世論の非常に強い支持を得るかたちで、議員より党員の票の力で総裁選に勝ち、総理になられました。01年夏に参院選を控えた自民党は、世論の声を無視できなかったのです。ですから、自民党の国会議員の中では本音では「反小泉」が多いという、異常な状態のなかで首相になりました。

ただ、「誰も首相になると思わなかった」小泉さんは、実は若い頃から、権力とはいったい何なのか、をとことん考え続けていたのです。小泉さんは、内閣総理大臣の権限とは何か、と考えに考え、洞察を重ねてきた方なのだと総理になってから気づきました。

1年生議員の頃から、首相になったときのシミュレーションをしていたのではないでしょうか。もちろん政治家ですから「首相になったら」と考える人は大勢いますが、小泉さんは**権力の行使の本質**みたいなところから考え抜いていたのだと思います。

あるとき、小泉さんがこう言うのです。

「総理大臣にしかない権力がある。一つは衆議院の解散権。もう一つは閣僚・自民党三役の人事権だ」

実はそれまでの日本の総理大臣というのは、意外に力が弱い存在でした。実際の政治は、自民党の「派閥のコンセンサス」で決まっていたのです。

総理大臣に人事権があるなどということは、理論的にはその通りでも、現実的には誰も考えられなかった。ところが小泉さんは、その垣根を「憲法」に書かれた総理の権限を支えとして、ひょいと跳び越えてしまうのです。

**竹中** 小泉さんが新人議員の頃は、田中角栄さんが全盛期という時代でした。小泉さんは田中さんに対しても、**おかしいことはおかしい**とちゃんと発言していました。最近もよく、「今はそういう若手議員がいなくなってしまった」とおっしゃっています。

そうやって自分なりに考え、権力というものを間近に見て学んだことが、総理という場を得て一気に開花していったのだと思います。

**清水** はい、総理大臣の権限が強いなんて、それまで誰も本気では思っていません。ただ、三木武夫首相は例外でした。田中角栄首相が金脈問題で退陣し、自民党の評判が悪いなか、世論の目先を変えるために「クリーン三木」として自民党が三木さんをかつぎました。田中さんとは対極の政治家として自民党は三木さんを立てることでしのいだのですが、三木さんが政治資金規正法改正、ロッキード事件で田中逮捕を認めるなど、主流派に逆らい、都合が悪くなると「三木おろし」を始めたのです。ところが、三木さんは任期満了の衆院選で敗北するまで絶対に辞めなかった。なんと言われようと、総理大臣は辞めなくてよいのだと、このとき小泉さんは学んだのだと思います。当時、議員1年生だった小泉さんは、派閥の領袖であり政界の師である福田赳夫氏に、公衆の面前で猛然とくってかかったそうです。

「自民党が困って三木さんをかついだのに、ちょっと都合が悪くなるとおろす。こんなご都合主義は通らない」

1年生議員がそんなことを言うもんじゃないといさめられたそうですが、「おかしいことはおかしい」と言うべきだという信念があった。小泉さんが首相になった2001年も三木さんとほぼ同じ状況ですね。まったく**ぶれていない**のです。

総理の権限にこだわったという意味で、三木さんと小泉さんは似ています。

## 「みんなの意見はわかった。けれど私は変えない」

**竹中**　小泉さんは、「総理の権限」を考え抜かれていた。ご指摘の通りで、議院内閣制というのは、通常与党のトップが総理になる仕組みで、したがって政府の決定と与党の決定が同時でなければいけない制度です。しかし、先にも述べたように総理が記者会見、選挙の演説などで言ってしまえば、与党は反対できなくなってしまうのです。小泉さんはその点をわかっていて、私も実はけっこう使いました。

施政方針演説の郵政民営化についての部分を、私が別に書かせていただくことにして、根回しなしで直前にはめ込んだ。ほんとうに直前、演説の1時間くらい前です。当時の細田幹事長に「こういうことを言います」とだけ言いました。怒られましたが、**総理が公の場で言えば通すしかない**のです。

新しいことをするには、必ず敵ができます。郵政民営化の審議中に、自民党で意見がまとまらず、党の幹部が官邸に押しかけて総理に直談判したことがありました。私も聞きつけて飛んで行き、同席しました。

幹部たちは、条件を言って、「この部分は降りろ」と小泉さんに迫る。私は黙って聞いていました。すると小泉さんは、「みんなの意見はわかった。けれど私は変えない」と。幹部たちは、すごすごと引き上げていきました。その迫力と切り返しは凄かったですね。

**清水** はい、小泉さんと竹中さんの呼吸はすばらしかったですね。敵を打倒するために権力を行使しますが、政策を実現するためには味方、仲間が必要です。小泉内閣がよくできていたと思うのは、構造改革の司令塔に竹中さんを立て、政策決定過程をオープンにしたことです。

経済財政諮問会議という舞台装置で、激しい議論をするけれど、**最終的に右か左かを決める**のは首相である小泉さん本人。新しい会議のやり方です。小泉さんと竹中さんが作り上げた独創的なモデルだと思います。

野心的な提言が竹中さんと協力する民間議員からどんどん出てくる。役所もたじたじで、「できません、困ります」となると、小泉さんが「であれば各大臣からも対案を出しなさい」と言う。結果的にはほぼ竹中さんの思い描いた通りになるのですが、表舞台できちんと議論されたうえで総理が裁断しますから、みんな納得するしかありません。大臣や官僚は切られ役で、竹中さんが憎まれ役です。

民間議員が提言した通りには実現せず、よくメディアは「骨抜きにされた」と書きたてましたが、よく見れば7、8割くらいは実現しているのです。これは竹中さんも最初から織り込みずみの妥協だったでしょう。

そして実は「舞台裏」もありました。各省の官僚が「もう耐えられない」というので、駆け込み寺のように向かう人物が飯島勲首席首相秘書官です。弱った官僚たちが、飯島さんに「竹中さんにひどいめにあっている」と不満を吐き出しに行くのです。

小泉さんは、表では竹中さんに徹底的に改革をやらせ、裏では飯島さんに、霞が関で鬱積する不満のはけ口になってもらっていたのです。官僚たちは、「飯島さんに吹き込んだから少しは矛先《ほこさき》も鈍るだろう」とまたがまんして仕事をする。しかし、まったく鈍りません。小泉さんの命令ではないのですが、竹中さんと飯島さんが、自ずと表と裏の司令塔を役割分担するかたちになっていました。官僚たちもなんだかんだいって官邸に足しげく通い、現在のようなぎすぎすした関係ではありませんでした。

**竹中** まったくその通りです。闘わなければ新しいことはできません、しかし360度敵では勝てません。その闘い方はリアリスティックでなければならない。小泉さんは、**リアリスティックな闘いができたリーダー**だったと思います。

# 第3章

III

# 歴史のリーダー
# 織田信長

いいと思ったものはどんどん
取り入れるアーリーアダプター

対談

竹中平蔵 × 出口治明

## サイエンスとして信長を見直す

みなさんは、歴史上の人物のイメージというものを持っていると思います。私自身も持っています。

歴史をサイエンス（科学）として研究するのが、歴史学者です。サイエンスですから、あくまでもエビデンス（証拠）にもとづいて真相を解明していくことが重要です。しかし、歴史のエビデンスは過去の資料が頼りですから、数は限られています。そのエビデンスとエビデンスを、想像でつなぐことがおもしろい作業であるわけです。

歴史学者は、サイエンスとして研究するので「想像」を入れてはいけませんが、小説家や作家は、**想像でエビデンス間を類推してよい**わけです。そうした作品が、歴史小説として広く読まれ、私たちに強烈なイメージを植え付けていることが多いのです。

作家の井沢元彦さんが何かの本で、「エビデンスは限られているから、エビデンスの間をつなぐのも重要な仕事だ」といった主旨のことを述べていました。その通りだと思います。一方で、そのつなぎ方が、いつも、そこに陰謀があったという「陰謀論」ばかりになってしまうのは、少し違うのではないかと思います。

さて、今回のリーダーシップ論は「織田信長」です。

織田信長は、歴史に登場する多くの武将のなかで、私がリーダーとして最も強く興味を持つ人物です。ご存じのように、信長は、延暦寺の焼き討ち事件をはじめ、その非情な一面が多く伝えられています。同時に、現在の視点から見ても、**画期的で斬新な政策も行うアーリーアダプター**という側面もあります。

歴史上の人物は、井沢さんが言うように、小説家が類推する「エビデンス間のつなぎ」でイメージができあがってしまうことも多いのです。

ここでは、可能な限りエビデンスから、リーダーとしての織田信長を捉え直してみたいと思います。

## イノベーターでもあった信長

織田信長を研究している学者は数多く、私も自分なりに最先端の研究を勉強してみました。すると、いろいろな発見があったのです。

多くの日本人は、織田信長に対して「非常に凶暴なリーダー」という印象を持っていないでしょうか。かくいう私もそうでした。信長には、たしかに「凶暴な」一面もあったと思います。

例えば、有名な比叡山延暦寺の焼き討ち事件です。信長は、一旦延暦寺と和睦《わぼく》をするのですが、なんとその直後に延暦寺に焼き討ちをかけています。だまし討ちのようなものですから、ひどいことをしているのは事実です。

その半面、信長は大変なイノベーターだという見方もあります。例えば、長篠の戦いでは、弾をこめる人、準備する人、撃つ人、と**鉄砲隊を3つに分けて攻撃する**「三段式の鉄砲」という作戦を採《と》ったと言われています。こうした戦術を生み出して勝った、たいへん頭のいいイノベーターだという見方もあります。しかし、当時の火縄銃は何人もが一斉に撃つことは不可能だったから、「三段式」はあり得ないという反論もあります。

どこまでが事実なのか、どこまでが想像か——。それは歴史学者にゆだねなければいけないことでしょう。しかし、一旦こうした歴史小説を読んでしまった以上、私自身もまた、小説から影響を受けたイメージに左右されていることは否定できません。

## 楽市楽座は規制緩和

一方、経済政策という視点で信長を見ると、かなり興味深い面があります。信長の政策といえば、必ず出てくるのは「楽市楽座」でしょう。「市」はマーケットですから、「楽市」はマーケットの規制緩和です。「楽座」は、組合を廃止して参入を自由化し、経済を活性化させようという狙いがあります。

当時は戦国時代であり、戦争に勝つためには経済力が必要でした。経済を活性化させ、それによって戦争に勝つという戦略です。信長は、「楽市楽座」という政策のもと、**強い経済力を持ち、天下統一まであと一歩**のところまでいきました。こうした、「経済政策の達人」という見方もあります。

ただし、歴史学者によれば、実は「楽市楽座」というのは、織田信長が生まれるずっと前からあったという説もあります。近江の六角定頼などが、すでに天文年間に「楽市楽座」を実行していたといわれ、信長はそれを取り入れたのです。

いずれにしても、「楽市楽座」のような、自分が**いいと思う政策はどんどんと、いち早く取り入れた**とは言えるでしょう。根っからのイノベーターというよりは、アーリーアダプターではなかったかと思います。

こうした史実から、リーダーとしての織田信長を見ると、凶暴ともいえるが、思い入れがあって、パッション、決断力もあったというのがキーワードかなと思います。

最後に、織田信長と言えば「桶狭間の戦い」です。戦国時代の戦いの中で、最大の番狂わせと言われています。総勢十数万とも言われる今川義元軍に対して、織田軍はその10分の1ほどに過ぎなかったのですが、奇襲をかけて、義元の首を取りました。

完全に劣勢だったのに、逆転する。その戦いで、秀吉が重要かつおもしろい役割を果たしたというのも興味深い。

## 桶狭間の戦いは経済戦争

『信長の棺』『空白の桶狭間』をお書きになった、作家の加藤廣さんが興味深いお話をされています。「桶狭間の戦いが番狂わせだった」というのは、数を考えれば間違いないのですが、ではなぜ戦いの場が「桶狭間」であったのか。

実は、当時の知多半島というのは窯業《ようぎょう》が盛んで、たいへん高い生産力を誇っていたのです。信長は、その生産力を手にするため、知多半島の入り口に位置する鳴海城などいくつか重要な城を取ろうとした。そのため迂回《うかい》した桶狭間に、たまたま今川義元がいたのではないか――というのが、加藤さんの仮説です。

おもしろいのが、**桶狭間の戦いが非常に実利的であり、経済的な闘争だった**という点です。ほかにも、旧大蔵省出身の作家武田知弘さんも、「桶狭間の戦いは経済戦争だった」と書かれています。信長は非常に実利的であり、天下統一に向けて経済力が必要であり、そのためには知多半島を押さえることが大事だとはっきりと理解していたのだと思います。そのためには、「この城を押さえることが必要だ、ここをはずしてはだめだ」というポイントがはっきりしているのです。

私はよく、「戦略は細部に宿る」ということを話しています。成功するためには、はずせないポイントをしっかりと押さえることが不可欠なのです。

ある目的のために、このポイントを押さえれば成功する、逆に言えば、そのポイントをはずしてしまうと、いくらほかの部分をがんばっても難しくなってしまう――。そのことが、信長にははっきりと見えていたのでしょう。

## ■グローバルな視点

常に思うことですが、日本の歴史が大きく変わるときというのは、何らかの形で**海外の影響を非常に強く受けている**ことが多いのです。

「大化の改新」は、「中大兄皇子《なかのおおえのおうじ》が蘇我入鹿《そがのいるか》を殺したクーデター」と一般的には思われていますが、実はそれだけではありません。当時、中国大陸に唐という大国が生まれ、朝鮮半島の新羅《しらぎ》にまで大きな影響力を持つようになっていました。その勢力から日本を守らなければならない、という強い危機感があったのだと思います。

当時の日本は、まだ本当の意味で統一されておらず、豪族の連合体として大和朝廷があるというようなかたちでした。その状態から、単一国家にしなければならない、つまり一つの法律が適用される一つの国家にしなければならない。それが公地公民を基礎とする、律令政治だったわけです。

単一国家、律令政治を実現するためには、まず天皇を中心にまとまらなければならない、と中大兄皇子と中臣鎌足《なかとみのかまたり》は考えました。「世界の中の日本」をどうするのか、そうした視点で2人の英雄たちが動いた結果が、「大化の改新」だったのです。

そういう観点で見ると、織田信長もまさに同じように「世界の中の日本」を見ていたと思うのです。

当時の世界は大航海の時代でした。どんどん**植民地を増やす、キリスト教を布教する**、というのがヨーロッパ諸国の動きでした。「鉄砲・キリスト教の伝来」は、あくまでもその一環です。

そのような世界情勢の中、日本をまとめる必要がありました。信長は日本がまとまるためには天皇の権威が必要であり、**天皇の力を得るため上洛しなければならない**と考えます。

さらに信長には、その過程において鉄砲が非常に役に立つという認識がありました。どの戦国大名も鉄砲は使ったのですが、信長ほどその重要性に気づいていた人物はいなかったのではないかと思います。鉄砲の弾は、大坂の堺という街を通して日本に入ってきます。堺を押さえ、「弾」の流通を押さえたのが、信長だったのです。鉄砲はあっても、弾がなければ何の役にも立ちません。信長は、極端に言うと「堺を押さえなければだめだ」と気づいていた。まさに「戦略は細部に宿る」です。

いずれにしても信長は、世界の情勢を把握し、大航海時代の中で「日本をどうするか」という一つの世界観を持っていたのではないかと思います。つまり信長は、グローバルな視点を持っていたリーダーだと言えるでしょう。

## 出自や過去にこだわらない

リーダーとしての信長を踏まえたうえで、さらに考えてみたいのは、「信長の部下の使い方」です。リーダーは当然ながら、うまく人を使わなければなりません。その点において、信長のリーダーシップはどうだったのでしょう。

信長亡きあと、実質的な後継者となる羽柴秀吉は農民の出身でした。信長は、この秀吉のように、身分が低くても才長けた人物を重用しました。「本能寺の変」の際、備中で毛利氏と戦っていた秀吉は真っ先に京に戻って明智光秀を討ちます。

その動きが素早すぎたことに対して、「秀吉が光秀の陰謀を知っていたのではないか」という説もあります。「知っていなければあんなに早く帰ってこられない」というわけです。その真偽はともかく、信長はそういう秀吉を重用していました。

また、柴田勝家は一時は信長の弟である信行に仕え、信長に反抗していた人物でした。けれども、そうした経緯があった人物でも重用しています。出自や過去にはこだわらず、**能力のある人間を取り立てる**――そういうことのできるリーダーであったのだと思います。

しかし一方で、信長は結果的に部下である光秀に殺されています。信頼していた部下に裏切られて死んだわけです。そもそも光秀がなぜあのような謀反を起こしたのか。「本能寺の変」は、歴史の中でも謎の中の謎であり、最もおもしろいという評も多いようです。

「ときは今　あめが下知る　五月かな」。光秀の歌です。「ときは今」は、「今がそのときだ」というような意味でしょう。また、光秀の生まれた土岐一族を示していたのかもしれません。次に、「あめが下知る」。あめは「天」であり、「天下が降ってくる」という意味だったのか。一種のクーデターであったのか。その背後に朝廷がいたのか——。そのあたりはいまだ謎のままです。

信長が人材を登用したことで、明智光秀のような人物が出てきました。一方で、光秀という人物は非常に教養のある人物で、それを信長はある意味で妬《ねた》んでいたといいます。能力や教養を買って**重用しながらも、その能力ゆえに妬んでいた**わけです。人前でも疎んじており、家康が来た際に接待係を務めた光秀をクビにしたなどとも言われています。秀吉、光秀、勝家らと信長との関係はどうだったのか。このあたりから、出口治明さんにうかがいたいと思います。

対談

# 竹中平蔵×出口治明

**出口治明**（でぐち・はるあき）
立命館アジア太平洋大学（APU）学長。学校法人立命館副総長・理事。1948年、三重県生まれ。京都大学法学部卒業。72年、日本生命保険相互会社入社。ロンドン現地法人社長、国際業務部長などを経て2006年に退職。08年4月、ライフネット生命保険株式会社を開業。12年上場。代表取締役社長、代表取締役会長を経て17年に退職。18年より現職。

## 部下を使うのがうまかった信長

**竹中**　秀吉や光秀、勝家たち家臣は、現代で言えば信長の「部下」ですね。信長は、結局は部下に殺されてしまうわけですが、彼らとの関係はどうだったのでしょうか。

**出口**　信長は、実は部下の使い方が非常にうまかったと思います。光秀もすごく大事に使っています。ごぞんじのように、信長、秀吉、家康の性格を表す3つの句があります。「鳴かぬなら　殺してしまえ　ほととぎす」「鳴かぬなら　鳴かせてみせようほととぎす」「鳴かぬなら　鳴くまで待とう　ほととぎす」。信長は「殺してしまえ」であり、私たちには信長が最も非情な人間であるというイメージが刷り込まれています。しかし、3人の中で、おそらく部下に対して一番甘いのは実は信長です。

**竹中**　たしかに、私も「凶暴」「非情」というイメージを持っていました。延暦寺の焼き討ちなどもありましたし……。

**出口**　比叡山の焼き討ちはたしかに事実なのですが、残虐さについては脚色されてかなりオーバーにいわれているところがあります。歴史書を見ていると、信長はほとんど部下を殺していません。高野山に追放などという処罰はしていますが、あまり部下を殺していない。むしろ秀吉のほうが、有名な千利休の事件をはじめとして、多くの部下を殺しています。

信長という人物は、人をとても上手に使っているのです。個人に限らず、**イエズス会など外国の団体もうまく使っている**のですね。アーリーアダプターであり、ものすごく実利的。商売の感覚があり、「能力のある人は使わないと損だ」という考えがあったのだと思います。

**竹中** 部下の身分や出自にもとらわれなかったし、「経済」をよく知っていましたね。

**出口** いかにしてそのような感覚を身に付けたのかといえば、信長の育った尾張は当時商売の中心地でした。そして、信長という人は父母や家臣から大事にされなかったんですね。ですから、街で勝手に遊んで、ケンカもしていました。商売の街ですから、好き勝手にやっていれば自ずと商売を覚える。ここが家康との大きな違いです。

家康は、人質になって苦労したといわれていますが、小さい家ながらもおぼっちゃんです。何かをしようとすれば、「そんなことをしたらいけませんよ」と注意する家臣が付いていました。家康が**偉いのは、極論すれば長生きしたことだけ**です（笑）。

**竹中** なるほど。長生きはとても大事なことですね。信長は49歳、秀吉は61歳、家康は73歳で亡くなっています。家康というのは、ものすごく健康に注意したと言われていますね。

**出口** そうです、長生きといいますか、「健康でなかったら何もでけへんで」ということなんですよね。

**竹中**　これはこれで、歴史の教訓ではありますよね。おもしろいと思うのは、信長と秀吉というのは、生まれた年は3年しか違わないんです。秀吉は信長に仕えていたわけですが、年齢は3つしか違わなかった。家康は信長より9歳下です。計算してみますと、信長が死んでから家康が死ぬまで34年あったということになります。

この34年の間に、家康はさまざまな基盤を固めたわけです。これは歴史の教訓やリーダーとしてだけでなく、我々の教訓として、**健康で長生きすることがいかに大切か**を示しているのかと思います。

## 信長の成長戦略

**竹中**　信長が非常に経済的な視点を持つ、実利的な「アーリーアダプター」だったことは間違いないと思います。国政において、経済的誘因というのはたいへん重要なわけですが、信長の時代の経済状況を具体的に見てみたいと思います。当時日本は、「和同開珎《わどうかいちん》」という貨幣は作りましたが、基本的には宋銭を使っていたのですね。

**出口**　その通りです。「皇朝十二銭」などといいますが、たくさんのお金を作る力がなかったので、外国の使節に「うちもお金を作ってるぜ」という「見せ金」で、まったく流通していませんでした。平清盛という天才が、宋銭を輸入して初めて貨幣経済がわが国に生じて成長が始まったのです。

**竹中**　信長の時代、その宋銭が入ってこなくなることによって、一種の**貨幣流通量の低下でデフレが起こる**わけです。そのデフレにいかに対応するかということが、当時の経済政策上きわめて重要でした。一方で経済的に資本の蓄積はあるので、成長のポテンシャルはかなりある。

**出口**　おっしゃる通りです。

**竹中**　そこで、信長のとった政策が非常に実利的でした。つまり金と銀を使って決済しろ、という撰銭令《えりぜにれい》を１５６９年、亡くなる十数年前に出しています。信長はこの政策によって、デフレを克服しました。一方で「楽市楽座」、つまりは成長戦略も仕掛けました。デフレ対策と成長戦略。「アベノミクス」が見習えばいいような政策を、信長は５００年近く前に行っているんです。私が非常におもしろいと思うのは、「金銀による決済」という令が定着するまで10年少しかかっていることです。まさに自分自身が発令した金と銀の決済が始まった頃に、その完成を見ずに暗殺されてしまいました。私はこの史実を振り返るたび、「改革者はみな不幸である」という、ゴルバチョフの言葉を思い出します。

**出口**　それはあるかもしれませんね。「改革者は不幸である」というよりは、改革者も**長生きすれば改革の成果が見られる**のです。早死にするから、見られない。

**竹中**　おっしゃる通り。そういう意味では家康のように「長生きが大事」ということになります（笑）。一方税制面を見てみますと、信長は減税政策をとっていますね。当時「四公六民」「五公五民」などと言われましたが、役人という「中間搾取層」があるわけです。その役人組織を合理化することで、結果的に減税しているんです。

**出口**　極端にいえば、そうですね。

## 行政改革を行った信長

**竹中**　要するに、財政政策としては減税、金融政策としては通貨の増量をやっていた。今から見るとものすごく基本に忠実であり、実利的な政策を行っていたのだと思います。「減税」と言っていいかわかりませんが、役人組織の簡素化を行うことによって、民が中間で巻き上げられるお金を少なくした。そういう意味では、「行政改革」をやっていたと言えるでしょう。

**出口**　と同時に、「検地」を行っていますね。「検地」といえば秀吉の太閤検地が有名ですが、実は多くの戦国大名が行っています。信長は、それを政策的にまとめて行いました。直接支配をして、きちんとチェックをして誤魔化せないようにしたわけです。

**竹中**　検地というのは、非常に大事ですよね。のちの明治時代に後藤新平が、台湾の実質ナンバー2にあたる民政局長に就任し、まず検地を行っています。やはり隠れた農地などがあり、検地の結果税収が増えるわけで、後藤自身も「データの収集が大事だ」と語っています。そのはるか昔、**信長はすでに「データ収集」の重要性を認識**して検地を行っている。それが、秀吉の太閤検地につながるわけですね。「戦略は細部に宿る」。それが経済で大事だといつも申しているのですが、まさにその通りだなと実感します。

ちょっと話は変わりますが、琵琶湖の東側に、長浜という街があります。「黒塀の街」として、最近では風情ある街としても知られています。私は不勉強で知らなかったのですが、昔の東海道は、その長浜から大津までは水運なんですね。道路ではなく海路ですから、非常に重要なポイントと言えます。

その長浜を、信長は明智光秀に治めさせています。交通の要衝だということで、信頼できる部下に治めさせる。今思えば、やはりよく考えているなと思います。

**出口**　おっしゃる通りですね。シュメールという世界最古の文明があるのですが、その粘土板に「陸は閉じて、水は開く」という言葉が残されています。人間の歴史で交易や**流通といえば、ほぼすべてが水路経由**でした。今でこそ陸路、鉄道や自動車中心ですが、かつては船だったのです。

次のようなことを考えたことはないでしょうか。車輪というのは、とても便利なものでしょう？　そんなに便利なら、動物も足を車輪にしてはどうかと。進化として、足の車輪化があってもいいですよね。けれど、地球上のありとあらゆる生物の中で、足が車輪化しているものはいません。なぜか。

答えはすごく簡単で、地球がでこぼこしているからです。車輪は平らな土地であって初めて動きます。でこぼこの地球上で生きていく野生動物は、車輪に進化しようがないのです。だから、秦《しん》の始皇帝は轍《わだち》を統一したわけです。

鉄道と道路ができる以前は、すべて水路に頼っていたのです。五街道ができた江戸時代ですら、流通は北前船などに頼っていました。

## 家康に作られた信長のイメージ

**竹中**　ちょっと論点を絞ってうかがいたいと思います。信長は「暴君」であるとか、若い頃は「うつけ」であったと言われます。父親の葬儀で位牌にお香を投げつけたなど、そうした逸話《いつわ》が非常に多いですね。実はこうした**信長の評価は、家康的な視点で常に語られている**のではないかと思うのですが、いかがでしょう?

**出口**　その通りです。

**竹中**　やはりそうですよね。小説家の安部龍太郎さんが書かれた、『信長はなぜ葬られたのか』という新書が今たいへん評判になっています。この本に小泉純一郎さんが推薦文を書かれてまして、「信長には仕えたくないけれども、すごく興味がある人だ」と（笑）。この本では信長のさまざまな面を語っているのですが、それ以前の多くの資料では「暴君」というイメージが非常に強調されてきたように思います。

これは私の仮説なのですが……。信長が行った政策というのは、一種の重商主義ですね。対して、家康の時代は農業中心、農本主義だったわけです。

また、信長は基本的にオープンマインドで、キリスト教をはじめとする外国のものを、新しいものも数多く取り入れました。金平糖が好きだった、という説もあるくらいですね。対して家康は鎖国政策を採ったわけで、非常に違う価値観を持っていたと思います。だからこそ、江戸時代にはこのように**「暴君」としての信長が強調され、事実とは違う評価がなされてきた**のではないかと思うのですが、いかがでしょう?

**出口**　もう100%おっしゃる通りだと思います。我々が知っている信長像というのは、徳川政権が作ったものですからね。

もう一人同じような例が、足利尊氏です。南北朝の争いの中で、足利尊氏という人物はあまりよくはいわれないですね。対して新田義貞は、忠臣であり、立派な人だと評価されています。これは簡単で、徳川家康が系図をでっちあげるときに、新田義貞につなげたからです。自分の先祖は、足利尊氏にほぼ匹敵する人で、心がきれいな人だったと書いたわけです。これはまさに、官製の物語ですね。

僕は小泉さんとは違って、**信長、秀吉、家康だったら、信長が一番仕えやすい**気がしますね。一番合理的で、数字を示してロジカルに説明すれば、信長さんだったら言うことを聞いてくれる。ときどき癇癪《かんしゃく》が出るときは、たぶんわかるから、近づかなければいいんです（笑）。僕は3人の中から選ぶのなら信長に仕えたい。

## 為政者に都合のよい資料が残る

**竹中**　出口さんはその時代に生まれていたら、秀吉のようにうまく信長に仕えて、次の天下を取っていた方ですね。そのように、歴史というのは時の為政者が一つの価値観で作り、為政者にとって都合のよい資料が残されていくものだということですね。

**出口**　小説はそうですね。

**竹中**　一方で例えば太田牛一という人物が書いた、『信長公記』という資料がありま す。これは、信長が自分のために書かせて、自分で校閲したと言われています。

実は先ほど話した加藤廣さんの『信長の棺』という小説は、**太田牛一から見た信長**を書いています。『信長公記』も大事な資料なのですが、やはりたぶんバイアスがかかっているだろうと言われます。出口さんは、『信長公記』のような資料はどう思われますか？

**出口**　バイアスはかかっていると思いますが、ただ比較的ウソは書かれていないのではないかと思います。信長に仕えた人ですから、思い入れはあるけれど、起こっていないことはおそらく書けない。知らない人のことだったら好き放題書けますが、知っている人だからこそ創作はしにくいです。

特に太田にとって信長は好きな人ですから、脚色といいますか、ちょっとくらい「盛る」ことはあっても、ウソは書けません。そのように考えると、江戸時代に書かれたいろいろな本に比べても、同時代の資料である『信長公記』は資料としての信憑《しんぴょう》性《せい》は高いと思います。

歴史学者の研究の仕方としては、まず同時代の資料を追うんですね。信長は、手紙を出していますし、当時の京都の人が書いた日記などもたくさん残っています。学者は、同時代の人が書いたものを集めて、「信長はこうだった」と再現しようとしています。

学者はあとから書かれたものより、**同時代の資料のほうが信憑性が高い**と考えます。呉座勇一さんの『陰謀の日本中世史』が好例ですね。もちろん同時代の資料も完全ではありませんし、まれに嘘八百を書く人もいますが、大半は正しいことが書いてあると思います。

**竹中**　なるほど、よくわかります。

## 実力でのしあがっても、また裏切られるかもしれない

**竹中**　次は、信長というよりは歴史全般で、私が前から持っている素朴な疑問についてうかがいたいと思います。

天下統一を目指す武将たちは、「上洛」という言葉を使います。つまり天皇の権威のもとに天下統一を目指すということですね。朝廷がある、と同時に幕府である足利家がありました。足利義昭との関係というのは、敵のような、味方のような、信長にとってきわめて微妙なものでした。信長だけでなく秀吉もそうですが、朝廷に貢ぎ物をして官位をもらったりしながら、いかに天下を治めていくかを考えていました。

当時の朝廷というのはどのような役割があり、どれくらいの力、権威があったのでしょうか？　朝廷は**朝廷としての戦略**があったと思うのですが、出口さんはどのようにお考えですか？

**出口**　史実を見ると、細川政権、三好政権以降の朝廷には本当にお金がありませんでした。日本の天皇制は、天皇親政の時代はほとんどなくて、奈良時代以降、ほぼ上皇

が仕切っていたのです。安土桃山時代は、即位の礼をするお金がないので上皇になれないという、経済的には悲惨な状況でした。天皇という言葉は村上天皇以降使われなくなったので「王家」と呼んだほうがいいと思うのですが、王家が一番貧しかった時代です。

王家という言葉は、NHKの大河ドラマ『平清盛』で使われ、視聴者から「天皇家じゃないか」と批判が殺到したそうです。けれども、歴史上は明らかに「王家」が正しいのです。天皇という言葉は、江戸時代後期の光格天皇まで出て来ません。ともかく、安土桃山時代は王家はたいへん貧しかった。しかしそう考えると、なぜ王家や幕府が残ったんだろうということになります。

戦国大名というのは、例えば今川家は、分国法という自分たちの法律を作って駿河国を支配しました。毛利元就は、実力で陶晴賢《すえはるかた》を滅ぼしてのしあがっていきました。実力でのしあがったわけですが、逆にそれは**臣下に実力で奪われる可能性もある**ということです。人間というのは不思議なもので、そこに支配の「正統性」を求めるんですよ。毛利元就などは、貧乏な朝廷にお金を贈って「国司」にしてもらっています。

すると、部下を抑えるときに、自分は国司だという正統性が生まれるのです。やはり戦国大名も、朝廷を拠りどころとする正統性がほしかったのです。

一方で細川政権の時代以降、室町幕府は将軍の首をすげ替えながらもなぜ残ったか。幕府の将軍から管領などにしてもらっているんです。下克上の中、実力で権力をもぎ取っても、やはり正統性を求めざるを得ない。そのときに、正統性を付与する仲介役として朝廷もしくは幕府が使われたというのが滅びなかった大きな理由のような気がします。

信長もまた、そうした正統性を求めました。本能寺の変の直前に朝廷からの使者を迎え、「関白、太政大臣、征夷大将軍のいずれになるか選んでください」と聞かれていいます。その返事をしないうちに死んでしまいました。秀吉は「関白」になっていますが、信長はどれを選ぼうとしていたのでしょうか。

## 信長たちが求めた正統性

**竹中**　非常によくわかります。「レジティマシー」、正統性ですね。レジティマシーを求める対象としての朝廷があった。私たちのいる民主主義社会では、その正統性とは「ルール・オブ・ロウ」つまり法の支配ですよね。法の支配があるので、選挙で選ばれれば正統性があることになります。

戦国時代は法の支配がないために、朝廷に正統性を求める。そしてまた、法の支配がないから、いつ裏切られるかわからない。裏切られないように、**身内を人質に差し出したわけですね。**この「血のつながり」というのが、戦国時代のすごいところです。家康ですら、人質になっていた時代があったわけですね。

**出口**　ずっと人質でした。

**竹中**　長年ずっと人質でしたが、チャンスに恵まれてのしあがった。そして、**最後の最後にやはり朝廷に正統性を求めた**のです。法の支配のない社会って、すごいなと思いますね。

**出口**　おっしゃる通りです。おもしろいのは、まさにおっしゃる「ルール・オブ・ロウ」。日本の天皇家が継体天皇から始まっているのは、多くの日本人の常識だと思います。継体天皇は応神天皇の5世孫ということになっていますが、現代で5代上の先祖の名前を覚えている人はいるでしょうか。今の時代、こんなに文献が残っているのに、ほとんどの人は、せいぜいおじいさん、おばあさんくらいでしょう。

文字のない時代に5代上まで遡れたのかという疑問が残ります。おそらく、継体天皇が新しい王朝を創始したのでしょう。だから、即位したあとも20年くらい大和に入れなかった。いろいろな争いがあったのだと思いますが、その後磐井の乱を治めて全国を統一します。

王族が自由に結婚したら外戚が生まれて、天皇の地位が奪われるかもしれないということで、日本の朝廷が考えたのは、皇后を出す家を固定するということです。これが蘇我氏ですね。継体天皇から奈良時代に光明子が皇后になるまで、皇族もしくは蘇我氏の女性の血を引いていない天皇は一人もいないのです。こういう形で正統性を差別化したのですね。それほどまでに、ルール・オブ・ロウのない世界では、「正統性」が求められたということです。

## 孤独に耐えられない人はリーダーになってはいけない

**竹中**　今日の話をまとめてみますと、リーダーシップに不可欠なパッションというのは、やるときは**情熱を持って徹底的にやらなければいけない**ということですね。信長はそういうリーダーでした。

そして、実利的に考えて、アーリーアダプターであること。いいものなら誰のものであってもどんどん取り入れていくという姿勢が、次の時代を作る原動力だったのですね。そして、その際、このポイントははずしてはいけないということを知っていること。「戦略は細部に宿る」です。信長には、大局観に基づいた戦略性がありました。常にグローバルにつながり、大局観、世界観を作っていた。そして、ここが非常に大事だと思いますが、部下を使うのがたいへんうまかった。

**出口**　はい、絶対そうです。

**竹中**　部下を怒鳴りつけるようなイメージがくつがえされました。最後にお聞きしたいことがあります。政治記者の清水真人さんによれば、小泉純一郎さんが「どす黒いほどの孤独に耐えられなければリーダーは務まらない」という話をされていたそうです。「信長の孤独」というのは、どうだったのでしょうか。

**出口** それは、例えば**比叡山を焼くときは誰かに相談できない**でしょう。それに尽きると思います。何か思い切ったことをやるときは、絶対相談できないんですよ。

**竹中** 例えば、孤独の裏返しが、一見凶暴だったということもあったのでしょうか。

**出口** はい。あったと思います。孤独に耐えられない人はそもそも親分になっちゃいけないのです。

**竹中** ありがとうございました。

第4章

# スポーツ界のリーダーシップ

1回勝つのは簡単。大切なのは
勝ち続けられる組織作り

対談

竹中平蔵 × 二宮清純

## 野茂英雄をメジャーへ連れて行った男

リーダーの裁量が、最も顕著に、比較的短期間に現れるのがスポーツの世界です。しかもプロスポーツの世界は、人々の注目度も高く、シビアに結果が求められます。

今回はスポーツのリーダーについて、二宮清純さんと共に考えてみたいと思います。王貞治さん、野村克也さん、川淵三郎さんという多様なスポーツ界のリーダーについてお話しを進めます。

二宮清純さんは、あらゆる分野で活躍するスポーツジャーナリストです。特に、なぜ「リーダーシップ」の対談に来ていただいたかというと、私は、二宮さん自身がリーダーだと考えているからなのです。

今、**大谷翔平選手がロサンゼルス・エンゼルスで活躍**し、非常に注目されています。その前にもダルビッシュ有選手、田中将大選手らがメジャーリーグで活躍しています。その道を開いたのが、実は二宮さんなんです。

松井秀喜選手とイチロー選手がメジャーで活躍していた頃、当時の小泉純一郎首相がよく言っていました。「松井もイチローもすごい。でも一番すごいのは野茂英雄だ。最初にアメリカに行って、日本人選手のメジャーへの道を切り開いた」

実はその野茂をアメリカに連れて行ったのが、二宮さんです。当時、日本人選手がメジャーに移籍することに対して、たいへんな非難が起きました。

リーダーというのは、常に新しいことにチャレンジします。すると必ず批判する人がいる。その批判を受けて困難な道を進むから、今日があるわけです。二宮さんがさまざまな批判を受けながらも**日本人野球選手のメジャーへの道を切り開いた**から、現在の大谷選手の活躍もあるのです。そういう意味で二宮さんは本当のリーダーだと思います。

## 体育と訳したのが大間違いだった

二宮さんと何度か話して、これはおもしろい、目からウロコが落ちたということが何度かありました。その一つが、「日本はスポーツを体育と訳したのが大間違いだ」

という話です。

スポーツと体育。直訳でないのはわかるけれど、あまり考えたことはありませんでした。

二宮さんは、「スポーツは本来楽しいものなんです」と言う。なるほど、そうかと思いました。スポーツの語源は、ラテン語の「デポルターレ」です。これは、あるものを別の場所に運び去る、憂いを取り去るという意味だといいます。つまり、「楽しくやる」という意味が込められているのです。

ところが、19世紀のイギリスでは運動競技による人格形成が力説されるようになりました。日本でも、高校野球は人格形成が目的という論もありますが、同様の考え方です。その後、アテネでも、軍事目的のトレーニングとして「フィジカルエデュケーション」、すなわち「体育」が導入されました。「スポーツ」とは趣旨が異なるわけです。軍事目的でトレーニングすること、それが「フィジカルエデュケーション」なのです。

近代国家形成の過程において、多くの国では国王がいなくなり、**国民が主権者とし**

**て自ら国家を防衛する**必要性が生じました。自分の国を守るためには身体を鍛えておかなければいけない、ということで、学校体育ができます。それがフィジカルエデュケーション、身体教育となったのです。

身体教育に意味がないとは言いませんが、日本ではスポーツ全体を「フィジカルエデュケーション」、すなわち「体育」としてしまったところに間違いがあるわけです。おかげで、日本ではスポーツというと、いわゆる「体育会系」のイメージになってしまいました。

二宮さんに教えていただいたことは、今日のテーマにおいても重要なポイントだと思っています。

## 日本のプロ野球は動員数世界2位

私は経済政策の研究者ですので、プロスポーツというビジネスにもたいへん関心を持っています。さまざまな統計がありますが、世界のプロスポーツで最も動員数が多いのは、アメリカのメジャーリーグです。年間動員数は7400万人といわれています。その次に多いのが**日本のプロ野球で、年間2500万人**くらいです。3位は、アメリカのプロバスケットボールリーグが2200万人。以下、アメリカのホッケーリーグ2150万人、アメリカンフットボール1750万人、プレミアリーグ1400万人と続きます。

それらに比べると、日本のプロ野球の2500万人というのはたいへんな動員数であるわけです。ちなみに、**Jリーグは550万人くらい**です。世界ではサッカーが人気スポーツだといわれますが、日本では野球人気が非常に高く、経済学的に言うと大きなマーケットがそこにあるわけです。

二宮さんには、これを引っ張ってきた人、リーダーとしての王さん、野村さんについて話していただけたらと思います。

王さんについては、みなさんよくご存じだと思います。打ったホームランは868本。ハンク・アーロンを上回る世界記録を持っています。王さんは、実は国民栄誉賞の第1号。初めて国民栄誉賞をもらった人です。そして、もう一つは第1回WBC日本代表の優勝監督。本当に華々しい経歴を持っています。

当時、「長嶋が」「野村が」というふうに、普通は野球選手は呼び捨てにされるのですが、王選手は「王さん」。みんな、「さん」をつけるのです。これは象徴的な現象ではないかと思います。本当に紳士ですし、みんなに尊敬されています。

## 負けた選手の気持ちを考えろ

王さんは仮死状態で生まれ、子供の頃は身体が弱く、たいへんな苦労をされたそうです。早稲田実業高校1年生の時、宿敵・日大三高を完封し、グローブを投げて喜んだところ、お兄さんに「負けた選手の気持ちを考えろ。うれしいからといって、ハメをはずしてはいけない」と注意されたといいます。

こうして培《つちか》われた、紳士、ジェントルマンとしての心構えがいろいろなところに表れ、それがその後の華々しい活躍につながっていったのだと思います。

王さんを見て一つ思うのは、**リーダーとしての巡り合いの大切さ**です。王さんの恩師といえば、荒川博コーチです。しかし、プロになる以前、王さんが中学のときに実は一度荒川さんに会っているんです。荒川氏はたまたま草野球をやってるところを通りかかり、左投げなのに右で打っている王さんに「左で打ってみなさい」とアドバイスをしました。

そういう**巡り合いのようなものを引き寄せる力**が、リーダーにはあるなと感じます。一本足打法でホームランを打つというのは、実は改革なのです。タイミングを取るということを一生懸命考えて、新しい打ち方である一本足打法を編み出したという意味で、王さんは努力の人であり、改革者だと言えると思います。

また、リーダーとしてすごいと思うのは、王さんの引き際です。引退する年にもホームランを30本打っているんですが、「王貞治の打ち方ができなくなった」と、すぱっと引退する。リーダーにとって、引き際を考えるということはすごく大事です。

## 「月見草」野村克也とは

王さんは、たいへん華々しく、日が当たる道を歩いてこられました。対して野村さんは自分のことを日が当たらないところで咲く「月見草」だと公言します。「王、長嶋がひまわりならば、自分は月見草」と。

野村さんという方は、テスト生として南海ホークスに入団。しかし、その後の活躍はすばらしく、日本で戦後初めての三冠王であり、捕手としては世界で初めての三冠王です。生涯記録は、通算本塁打2位、通算安打2位、通算打点数2位、王さんに次ぐ記録を持っています。すごい記録を持っているのに、なぜ「月見草」なのか。そのあたりも二宮さんにうかがっていきたいと思います。

野村さんは、本当の意味でリーダーとしての改革者だったと思います。選手時代、テッド・ウィリアムズの『バッティングの科学』という本を読んでひらめき、**投手のクセを見抜く方法**を考えました。直球、カーブを投げるとき、投手は必ず少しずつクセを出す。野村さんは、それを見抜くのです。

どうしても見抜けなかったのが、当時西鉄の稲尾和久だったそうです。それでも稲尾のピッチングフォームを16ミリカメラで撮影し、研究して、研究して、クセを見抜いた。有名な話です。

それがのちの「ＩＤ野球」につながりました。当時「ＩＤ」という言葉が大流行し、私は「Information & Data」の略だと思っていたのですが違いました。「Important Data」、すなわち「重要なデータ」だったのです。このＩＤ野球は、今につながっているのではないかと思います。

今は「Important」ではなく「Big Data」。重要かどうかは自分が判断せず、たくさん集めて人工知能が選んでくれるという時代ですが、考え方は同じです。「Important Data」という概念は、たいへんおもしろいと思います。

## 組織に「非連続」な何かを持ち込む

野村さんは、野球界に「改革」をたくさん持ち込んでいます。組織に、非連続な何かを持ち込むのがリーダーの役割だと思います。

現在、ランナーが出ると、投手はコンパクトに素早く投げる「クイック投法」をするのが一般的です。これは、南海ホークス時代の野村さんが初めて指示したといいます。当時阪急ブレーブスに福本豊という盗塁王がおり、彼の盗塁をなんとか阻止したいと、「クイック投法」をピッチャーに指示したのです。

極め付きは、江夏豊が南海に入って来たときのことです。プロ野球に革命を起こそうと、先発投手として超有名だった江夏をリリーフに回したのです。今は中継ぎや抑え、ホールドやセーブは当たり前になっていますが、定着させたのは野村さんでした。

野村さんは、解説者になってからも改革を行っています。今では当たり前ですが、ストライクゾーンを3×3という9つのコマに分け、このコマに直球が行った、カーブが行ったという解説をします。これも野村さんが考えたものであり、「野村スコープ」と名付けられています。

新しいもの、**非連続なものを持ち込んだリーダー、しかも嫌われ者**です。新しいことをやる人は必ず嫌われるのです。野村さんはむしろ、嫌われることを喜び、堂々と表に出しているように思います。

## 川淵三郎と福澤諭吉

川淵三郎さんとはあまり面識がありません。川淵さんはサッカー選手であり、1964年の東京オリンピックに出場し、アルゼンチン戦でゴールをあげたという名選手の一人です。

1993年、Jリーグが設立されたときの初代チェアマンでした。その後は、バスケットボール「Bリーグ」の改革のためにエグゼクティブアドバイザーになっています。

先ほど述べたように、日本のプロ野球に次ぐ動員数を誇るのが、アメリカのプロバスケットボールです。サッカーの次は日本のバスケットボールも盛り上げようと、まさに新しいものに目を付けました。そしてそれを事業にする、アントレプレナーでもあります。

私はよくエジソンの話をします。電気の原理を発明したのはもちろんすごいのですが、エジソンは**会社を作ってニューヨーク市でその電気を売った**のです。つまり企業化しており、アントレプレナーなのです。川淵さんも、自分がサッカーの名選手になっただけでなく、それをJリーグという事業にして、さらにそれをバスケットボールに広げています。

なでしこジャパンという名前を、一般公募から決定したのも、川淵さんだそうです。おもしろいのは、日本サッカー協会の会長になったときの逸話です。それまで協会の会長は無給だったのですが、川淵さんが会長になったときに年俸数千万円の有給としたのです。

この話を聞いたとき、私は福澤諭吉を思い出しました。諭吉は、**慶應義塾を設立したとき、授業料を取った**のです。当時「学問で銭をとるのか」「儲けようとしているのか」と、ものすごい批判を受けました。しかし諭吉は毅然として、「経済的に独立して初めてよい学問ができるのだ」と言ったそうです。

そういう意味で、川淵さんは福澤諭吉のイメージとも重なります。会長を有給職にした川淵さんのリーダーシップは、たいへん興味深いなと思います。

対談

# 竹中平蔵×二宮清純

**二宮清純**（にのみや・せいじゅん）
スポーツジャーナリストとして、世界各国でオリンピック、サッカーW杯、メジャーリーグ、ボクシング世界戦など、数多くを取材する。かけがえのない文化であるスポーツを多くの人が楽しめることを願い、1999年にインターネットマガジン「Sports Communications」を開始する。

## 新しいことは批判される

**竹中**　今日はありがとうございます。

**二宮**　こちらこそ今日は楽しみにしていました。竹中さんと私には共通点があります。私が野茂英雄投手のメジャーリーグ挑戦を支持した時、一部の球界関係者から「メジャーリーグの手先」呼ばわりされたことがあります。まだ日本のプロ野球は〝鎖国〟を決め込んでいた時代で、開国派はほんの一握りでした。竹中さんも小泉政権下で不良債権処理や規制緩和を進めた際には「外資の手先」呼ばわりされました。それからお会いして、いろいろとお話しさせて頂くようになったのですが、お会いする前から〝いい人だろうな〟という直感がありました（笑）。軋轢を恐れずに**仕事をする人は既得権益層から叩かれる**ものです。

**竹中**　そう思います。そしてリーダーはその批判に耐えて、新しいことをする必要があるんですね。王貞治さんもまさしくそうでした。

**二宮**　王さんのすばらしいところは、記録の面ではもちろんですが、自分を変えたということだと思います。人間は「自分を変える」ということが一番難しい。

王さんは、巨人の監督から福岡ダイエーホークスの監督になったとき、相当批判されました。

「王では勝てない」と生卵までぶつけられています。世界の王が生卵をぶつけられる屈辱を味わっているのです。実際にダイエーは勝てなかった。

そんなとき、ダイエーのGM（ゼネラルマネジャー）である根本陸夫《りくお》さんが選手を集めました。根本さんは日本で初めてのGMであり、王さんをダイエーに引っ張ってきた方です。

根本さんは選手たちに、こう言いました。

「今日からこの人を監督だと思うな。単なる中華料理屋の息子だと思いなさい」

**竹中**　実際に王さんは、中華料理屋の息子さんですね。

## 自分の顔を変えた、王貞治

**二宮**　そうです。当時のダイエーは、王さんがあまりにも偉大すぎて選手が話しかけることができず、**監督と選手のコミュニケーションが取れない**状況だったのです。それを案じて、根本さんはそんなことを言ったのです。そうはいっても急に関係が変わるものではありません。やはり勝てない日々が続きます。

そして、ついに王さんは決断します。なんと、「自分の顔」を変えたというんです。

私が、王さんを偉大だと思う根拠の一つです。

1999年、王さん率いるダイエーは初めてパ・リーグを制し、中日を破って日本一になります。王さんにまっさきにおめでとうございます、と言い、インタビューを始めました。私はまず聞きました。「王さん、このチームは何が変わったんですか」するとと王さんは、「チームが変わったんじゃない。僕が変わったんだ」と言うのです。どういうことか。

先ほども述べたように、王さんが偉大すぎて選手が寄ってこないという状況が続いていた。王貞治といえば求道者であり、眉間のしわがトレードマーク。いつも深刻そうに考えているイメージですから、選手が近づいてこないのも当たり前です。

そのことに気づいた王さんは、「自分を変えるしかない」と思って、試合前にトイレに入り、眉間をマッサージして、**「にこっ」と笑う練習をした**そうです。しかも、毎日です。

「にこっ」と笑って、この顔なら選手も怖がらずに近づいてくれると確かめてから、グラウンドに出たというのです。世界の王が、です。「お前らは間違ってる」「君らの努力が足りない」と言っていれば済む人です。その世界の王が、「自分が変わらないとチームが変わらない」と考え、そのために「顔を変えた」というのです。

人間は、自分を変えるより、「あなたが変わりなさい」と他人を変えたい人のほうが多い。私も含めてです（笑）。王さんは**自分が変わらないと組織が変わらない**と思い、自分を変えた、と。簡単そうで一番難しい、「自分を変える」という大改革を行った。さすが〝世界の王〟だと思いました。常人にはできないことです。

**竹中**　「過去と他人は変えられない。しかし未来と自分は変えられる」という名言があります。しかし、自分を変えることはたいへん難しいことです。それを王さんはやってのけた。

王さんは、巨人の川上哲治監督がＶ９を成し遂げたとき、長嶋さんとのＯＮコンビで活躍しました。川上さんも、すごく堅実なリーダーですよね。王さんは、その川上さんからどんなことを受け継いだのでしょう？

## 川上野球はイノベーションのかたまり

**二宮**　「勝つ組織」は意外に簡単にできますが、「勝ち続ける組織」を作るのは難しい。

川上さんはそれを作りましたが、川上さんは堅実だとおっしゃいましたが、川上野球こそイノベーションのかたまりなんです。

川上さんが作った、野球のスタンダードは今も生きている。

抑えのピッチャー、今でいうクローザーですが、川上さんが、「8時半の男」と呼ばれた宮田征典投手を日本で最初のクローザーにしたんです。また、当時の2番打者は土井正三さんでしたが、2番打者が送りバントだけでなく、エンドランなどいろいろ仕掛けを始めた最初も川上さんです。米国野球の最先端を行っていた「ドジャースの戦法」を、日本流にアレンジしました。今でいう「スモールベースボール」。川上さんがやった野球が、今のスタンダードになっているんですね。川上さんは、**イノベーションに次ぐイノベーション**を起こした監督です。だから「勝ち続ける組織」を作れたのではないかと思います。

**竹中**　なるほど。私は若い頃阪神ファンで、川上巨人の9連覇を見ていました。当時の巨人には絶対勝てないなと思ったのを覚えています。ボールには手を出さない。1塁ランナーが出たら、送りバントで必ずランナーを2塁に進めるとか、まさに鉄則を守るんですね。
野村さんと対談したときに、聞いた話です。野村さんは川上さんにたいへん興味があったのですが、接点がなかった。そこで王さんに、川上さんはどんなことを話していたかと聞いたのだそうです。すると、王さんは、「野球の話はもちろんしたけれど、それ以上に印象的だったのは、『人間はこうあらねばならない。人生はこういう姿勢で生きなければならない』という、ものすごく哲学的な話をしたことだ」と話したそうです。
もちろん野球は基本の技術が大事です。でもその**基本のさらに基本に、人間の生きる道みたいなものがある**のではないか。野村さんは、王さんを通じて、川上さんのそうした姿勢を知ったわけです。王さんが「自分を変える」というのも、川上野球がもとになったのでしょうか？

**二宮**　そう思いますね。

**竹中**　王さんのすごさをあらためて実感しました。ありがとうございます。次に野村克也さんについて、お願いいたします。実は私は、野村克也さんとは親しく議論させていただいたことがあって、一緒に本も出しています。

タイトルが『嫌われ者の流儀』。帯のコピーがさらに強烈で、「だから二人は嫌われる!!」。そこまで書かなくてもいいんじゃないかと思うのですが（笑）。二宮さんから見た野村さんはどんな人ですか？

## やヤこしいからおもしろい人間

**二宮**　野村さんは一言で言うなら「理の指揮官」ですね。私は「配球学者」と呼んでいます。「ピッチャーの**投げる球のカウントは、最低で12種類**ある。カウント別にデータをとれば、バッテリーの傾向はすぐに分かる。キャッチャーには配球のクセがあるから」。こんなことを言うのは野村さんくらいです。

**竹中**　確かに、あまり聞きませんね。

**二宮**　野村野球を理解するエピソードのひとつとして1997年の開幕戦をあげたいと思います。野村ヤクルトの開幕戦の相手は長嶋巨人でした。

前年、リーグ制覇したジャイアンツは、西武ライオンズからFAで清原和博を獲得するなど、三〇億円を超える補強を行った。開幕戦の下馬評では「巨人がブッチ切りの優勝を果たしてしまうのではないか」との声がほとんどでした。

開幕ゲーム、予想通り巨人・長嶋監督は先発のマウンドに四年連続開幕勝利を目指す斎藤雅樹を立てた。誰の目にもヤクルトの不利は明らかでした。

ところが試合後、東京ドームのお立ち台に立ったのは斎藤でも清原でもなく、シーズンオフに広島カープを自由契約になった老兵・小早川毅彦でした。

まさかの開幕ゲーム三連発。老兵の大爆発でヤクルトは6対3と完勝し、その余勢を駆って日本一にまで上りつめた。小早川のバットは斎藤を潰し、**三〇億円軍団までをも葬り去ってしまった**んです。

小早川が放った三本のホームランの中でも、とりわけ大きな意味を持っていたのが二本目でした。場面は4回、1対2とヤクルト1点のビハインド。二死無走者、カウントはワンスリー。ここで小早川はアウトコースのカーブに的を絞った。

実は試合前のミーティングで、野村さんは小早川にこんなアドバイスを送っていたんです。

「斎藤はワンスリー（ワンストライク・スリーボール）のカウントになると、決まって外角にヒュッと曲がるカーブを投げてくる。これを誰も打とうとせん」

野村さんの指摘通りでした。コースこそやや内側だったが、**狙い通りのカーブ**がヒュッと外角から入ってきた。フルスイングからはじき出された打球は一直線にライトスタンドに飛び込みました。

それにしても、なぜ野村さんは「ワンスリーからヒュッと入ってくるカーブを狙え」と告げたのか。実はここに「配球学」の真髄があるんです。

**竹中**　それはなぜですか？

**二宮**　謎解きをしましょう。打者心理として、ワンスリーほど有利なカウントはない。きわどいコースやストライクでも、気に入らないコースは見逃せばいいわけだから、必然的に待ち球は甘いストレート系のボールということになります。

有利なカウントでは、どうしても一発を欲しがるのが打者心理というもの。とくに小早川のような長距離ヒッターにはその傾向が強い。

これまで斎藤はそれを逆手に取って巧みにカウントを整えていた。ツースリーにさえしておけば、あとはボール球でもバッターは振ってくれる。すなわち「ワンスリーのカーブを狙え」との野村さんの指示は秘策という名の毒針だったんです。

試合後、小早川は語りました。

「アウトコースを狙っていたので、体が開かずに済んだ。もし最初からインコースを狙っていたら、体が開いてファウルになっていたかもしれない……」

**竹中**　実は私も野村さんから教えていただいたことがあります。いい監督というのは、ほとんどがキャッチャーから出ていると。自分のことを言ってるんですが（笑）。「それは一人だけ別の方向を見ているからだ」と言っていました。みんなを見ているからだと。もう一つ、**キャッチャーはボールに触れる機会が一番多い**という理由を挙げていましたね。外野手からはほとんど監督が出て来ない。

**二宮**　それは本当に当たっています。「外野手出身に名将なし」というのが野村さんの口ぐせです。

## 短所を気にする時間がもったいない

**竹中**　本当に基本的なことを、どうしてなんだろうと考える。リーダーにとって大事なことですよね。第二章で論じた、小泉純一郎さんはものすごく基本を大事にする人でした。

野村さんは、おもしろいことを言っていました。テスト入団した南海ホークスは強いチームで、鶴岡一人監督が歴代何位かの数の勝利を挙げた名監督と言われています。どういう監督だったかと聞いたら、「根性、根性しか言わなかった」と。たぶん戦後まもなく、戦争帰りの選手が叩き上げの主流という時代だったこともあるのでしょう。野村さんはそういうところに反発して、**基本をすごく考える**ようになったそうです。

先ほどの小早川さんもそうですが、「野村再生工場」がいい例です。野村さんは、まさに弱いチームを強くして、一旦ピークを越えた選手を再生しました。

野村さんは、小早川さんやほかの選手に対して、どういう着眼点を持っていたんでしょうか？

**二宮**　短所を直すよりも長所を伸ばした方が手っ取り早い、ということでしょうか。相手が**嫌がるクセがひとつでもあればプロとして生きていける**、とも語っていました。

野村再生工場の第一号が巨人、南海、阪神で通算１４３勝（１４２敗）をあげた山内新一さんです。巨人時代は１９７０年の８勝が最高の凡庸なピッチャーでした。

ところが山内さん、１９７３年にトレードで南海に移籍すると、いきなり20勝（8敗）をあげ、南海の7年ぶりのリーグ優勝に貢献したのです。その3年後の76年にも20勝（13敗）をあげ、野村南海のローテーションを支えました。

では巨人でくすぶっていた山内さんを、プレーイングマネジャーの野村さんは、どのようにして再生したのでしょう。81年に出版された『月見草の唄　野村克也物語』（長沼石根著・朝日新聞社）の中に詳しく紹介されています。


〈山内が八年前を振り返る。

「シーズンに入って二、三試合リリーフで投げたあと、あの人から、二、三日休養しないとほうれんのと違うか、といわれた。じつは巨人で二度肘を痛め、移籍前年はボールを投げられる状態じゃなかった。内心思ってたことをズバリと指摘され、否も応もなかった」

野村は、山内の右腕が肘痛の後遺症で「く」の字に曲がっているのに目をつけた。

「真っ直ぐのつもりで投げても、彼のボールはスライドする。自然のスライダーだから、打者は打ちづらい。このタマを基本に、カーブとシュートを交ぜていけば十分通用すると思った。そこで、一度負けてもいいから、アウトコース低めを丹念についてみろといった」

（中略）

「完投して初めて投げる楽しみを知った。二〇勝投手も二度経験した。野村さんに会わなかったら、野球をやめていたかもしれない」〉

この年、南海は山内さんの他にも、江本孟紀さん、福士敬章（当時は松原明夫）さんら移籍組が活躍し、宿敵・阪急をプレーオフで下しました。3人とも**移籍前年は0勝だった**ことから、野村さんの評価はいやが上にも高まりました。野村さんは再生の秘訣について〈彼らのもっているレベルが本当に低いのか、力を発揮できない原因が他にあるのか、じっくり見ることからスタートする。結論を先に出したら、まずダメですわ〉（同前）と語っています。

こういうふうに、「悪いクセだったらそれを生かせばいいじゃないか」という考え方なんですね。悪いクセを直そうとするからだめなんだ。生かせばいいじゃないか。悪いクセというのは長所なんだ。何もないよりは毒でもあったほうがいい。その**毒を相手に向ければいい**と言うんです。これはやはりしたたかな、弱者の戦法だと思いますね。

## 自分の売りはなんだろう、と考え続ける

**竹中**　長所に注目する。まさにポジティブシンキングですね。

ほかにも、野村さんに言われたことの中で、勝者の実践力を学びました。原則、基礎から考えて、導き出すポイントは一つの真理だと。基礎とポイントを導き出す力が

重要だと思います。小泉さんの章で紹介した、「戦略は細部に宿る」ですね。

大事なことはたくさんあるけれど、「ここははずしちゃいけない」というポイント。それを押さえれば連鎖反応でうまくいく。この**ポイントを見極めるのがリーダーの力**だと思います。野村さんの場合、どういうところからこの力が出てくるのでしょうか。そして、一般的にはどうしたらそういうリーダーになれるのだと思われますか？

**二宮**　野村さんってコンプレックスのかたまりなんです。そのコンプレックスの一番の原点はおそらく、南海の大エース杉浦忠さんです。杉浦さんの成績って、１９５９年は38勝4敗なんですよ。こんなピッチャーはめったにいません。野村さん曰く、「誰が（ボールを）受けても38勝4敗や」。つまり、キャッチャーとしての自分の価値がないんだと言いたいんですよ。そこで、自分は目立たないといけない、とリードの仕方や配球などを体系立てて考え始めるんです。

突き詰めて言えば、「自分の存在を消されたときにどう生きるか」ということでしょうか。つまり圧倒的な存在感を発揮する杉浦さんの前では、野村さんこそが弱者だったんです。さらに、パ・リーグはセ・リーグほど人気がありませんから、何か新聞の見出しになるようなことを言わないと記事にしてくれない。

**竹中**　「マーくん（田中将大選手）、神の子、不思議な子」とか。

**二宮**　そうです、そうです。キャッチフレーズがものすごくうまい。たとえば野村さんのニックネームは月見草です。「王、長嶋がひまわりなら、私なんかは日本海の海辺に咲く月見草」と言うんですが、ちょっと待ってください。月見草って、相当きれいですよ（笑）。ドクダミならわかりますが。

長嶋さんを引き合いに出しながら、**ちゃっかり自分を宣伝するうまさ**。これがパ・リーグ育ちです。企業であれば、日陰の部署だからこそ、どうすれば目立つかを常に考えるというようなところでしょうか。プレゼンは重要です。

## 600号ホームランを打った日の「月見草発言」

**竹中**　月見草発言が出たのは、600号ホームランを打った日なんですね。その華々しい記録日に、球場の観客は7000人くらいしかいなかった。高校野球よりはるかに少ない。そんな現実が野村さんに、その発信力をつけさせたということでしょう。

王さんと野村さんを比べると、王さんは努力して努力して、非難されない完璧なものを作り上げるリーダー。野村さんは一つの対立点を作り、論争を呼び、ぶつかり合うことによって、自らの求心力を高めていくリーダー。いろいろなタイプのリーダーがいますが、いま野村さんタイプはスポーツ界にいるでしょうか？

**二宮**　少なくなりましたね。おとなしくなったというか、批判されるのを恐れる。おもしろい監督は日本に少なくなった。外国人ですが、ラグビー日本代表監督のエディ・ジョーンズには僕も影響を受けました。

エディのやり方には、みんな不満があったんです。今ならパワハラといわれるようなことをやって、負荷をかけるやり方だった。**自分が嫌われているとわかっているん**です。すごいと思ったのは、選手を集めてこんなニュアンスのことを言ったというんです。

「みんな俺のこと嫌いだろ、俺が辞めたら、日本人の誰かが監督になって楽しくできるよ。だけど、それじゃ昔に逆戻りだぞ」

キャプテンだった廣瀬俊朗という選手は「キャプテンには人望がいるが、リーダーは人望よりも能力だ」と語っていたのが印象に残っています。

## 腐ったベテランをやる気にさせる

**竹中** うーん、すごい。勝負に出ているんですね。

**二宮** リーダーの最初の挨拶は大事だと思います。ロッテのバレンタイン監督は、就任後最初のミーティングでこう言いました。

「君たちの過去は見ない。これからは未来しか見ない」

この言葉でベテランががらっと変わったというんです。たいてい、監督は前任者から「あいつはたいしたことがない、性格が悪い」など情報を引き継ぎます。だから、新監督になっても「どうせ使ってもらえないよな」とヘソを曲げたりするんです。ベテランが**腐ったミカンになっちゃう**と、若手を引っぱり込み、ミカン箱全体がだめになる。だからベテランにやる気を出させなきゃいけない。

バレンタイン監督の最初の挨拶に、ベテランで一番目を輝かせたのが、ある生え抜きでした。その選手はレギュラーの座を失いかけていたのですが、がらっと変わった。言葉の力というのは、リーダーにとってとても大事です。特に最初が肝心ですね。

**竹中** 期待、Expectation が大事なんでしょうね。それが「プロ野球に革命を起こそう」という Expectation につながっていく。

## サッカー界の「キャプテン」川淵三郎

**竹中** 次のテーマは**サッカー界のリーダー**、川淵三郎さんです。

**二宮** 川淵三郎さんの呼び名である「キャプテン」というのは、実は私が名付け親なんです。

日本サッカー協会会長になったとき、その前の「チェアマン」の評判がよかったもので、「チェアマンみたいなの、何か考えてくれよ」と言われたのです。「まだお決めになっていないなら、キャプテンでどうですか」と。

「船長さんをやってください。この組織は順風満帆なんていうわけにはいきませんよ。いつ嵐がくるかわからない。そうしたら漂流します。これからの組織のトップは愛されなければならない、漫画『キャプテン翼』が大人気ですし、『キャプテン』ではどうでしょう」

川淵さんは「それはいいな。キャプテンだ」と言い、その場で決まりました。

**竹中**　キャプテンという呼び名は二宮さんの命名だったのですね。

**二宮**　一応、そうなんです。川淵さんもよくバッシングされた人ですよね。竹中さんよりバッシングされたかもしれません。

ワンマン、**専制君主、暴君、独裁者**――。ずいぶん叩かれていました。ある日、電車で雑誌の中吊り広告を見たら、鬼みたいな形相の川淵さんの写真が載っていました。その見出しがすごい。

「独裁者、さっさと辞めろ」

ご家族が見たら卒倒します。「うちの父ちゃん、悪いことやったんじゃないか」って。私は川淵さんをよく知っていますが、あの週刊誌の見出しは、当たっていります

（笑）。蛮勇と紙一重のリーダーシップがなかったら、サッカー協会という組織はつぶれていたと思います。

## 「前例がない」をくつがえす

**二宮**　私がまだ駆け出しの頃、サッカー日本代表の試合など客がほとんど入らなかった。国立競技場の試合で、せいぜい500人くらいじゃなかったでしょうか。パラパラです。当時、国立競技場の試合で一番入ったのは大学ラグビーの早明戦で、5万人です。その隣の後楽園球場も5万人です。それに対してサッカーは実際には500人程度です。民間の会社だったら倒産です。今は、ラグビーやプロ野球に、サッカーは完全に逆転しました。

**竹中**　川淵さんのリーダーシップによるものですね。

**二宮**　実は、**サッカーをプロ化する**ときは、反対、抵抗勢力ばかりでした。「サッカーのプロ化？　何をばかなことを言ってるんだ、バブルがはじけて、どこの企業がお金を出すんだ」

「時期尚早だ。日本人にはプロ野球がある。サッカーのプロなんて成功した例がない」

「前例がないことをやっても失敗するに決まっている」

「時期尚早」「前例がない」。ある会議で出たのは、この2つの言葉ばかりでした。私はそうした言葉を耳にして「ああ、これでサッカーのプロ化は難しくなったな」と正直思いました。そのときにこの発言が飛び出したんです。

「時期尚早と言う人間は、100年経っても時期尚早と言う。前例がないと言う人間は、200年経っても前例がないと言う。」

**竹中**　どの組織でも同じですね。

**二宮**　リーダーとはこういうものなんだと、このとき僕は学びました。それから私は、「時期尚早」「前例がない」という言葉を口にする人を信用しなくなったんですが（笑）。

やっぱり**最後はリーダーシップ**です。川淵さんのこの言葉がなかったら動かなかった。今でも「サッカーなんてプロ化しなくてよかったんだ。アマチュアでよかった」

と言う人もいますが、それは時計の止まっている人です。

## 「ビールらしくない」からチャンスがある

**竹中** 反対されるほど見込みがあるという論は、今の経営でいう「ブルーオーシャンを狙え」ということですね。

**二宮** まさにそうです。実は私が20年くらい前に出た、スーパードライというビールのCMで、なぜ自分に白羽の矢が立ったのかを、代理店に聞いたことがあります。すると、「二宮さんすみません、予算がないんです」と（笑）。

しばらくして、社長の樋口廣太郎さんに会う機会がありました。樋口さん曰く、住友銀行から乗り込む前に、**スーパードライの開発は終わっていた**そうなんです。ところが、当時は役員会で試飲をして、そこで賛成多数にならないと可決されない。市場に出ない。スーパードライは、必ず否決されていたそうです。

その理由は「ビールらしくない」。

「チャンスじゃないか。ビールらしいビールを追いかけてたら、いつまでたってもキリンに勝てるわけがない。ばかやろう、**ビールらしくないから出すんだ**。チャンスだ」

**竹中**　「ビールらしくない」、だからチャンスだと。

**二宮**　樋口さんはそう言って、発売に踏み切ったと聞きました。

## エビデンスバカでは取り残される

**二宮**　私は「エビデンスバカ」って呼んでいるのですが、エビデンスを証明することにやたらと時間をかけていたら、もう局面は次のフェーズを迎えています。そういう意味で、川淵さん、樋口さんといった人が時代を動かして来たんじゃないかと思います。こういう、特にやんちゃな人が出てこないと、ダイナミズムが失われたまま日本は終わってしまうんだろうなという危機感は私の中にもあります。考えてから走るのではなく、走りながら考える。

**竹中**　私は、20年前アサヒビールの社外取締役を務めていたんです。

**二宮**　そうでしたか（笑）。

**竹中**　樋口廣太郎さんとももちろん仲良くしていました。樋口さんは京都大学で野球をやっていたんですよね。そのとき立命館大学にいた吉田義男さんと同時期に野球をやっていました。野球つながりという意味でもおもしろいですね。

川淵さん、樋口さんのように難しいことに挑戦する胆力は大切です。リーダーは新しいことをすると必ず批判される、**寝首をかかれる恐れ**があります。リーダーにとって一番重要なのは、新しいことをやりながらリスク管理をすることではないでしょうか。川淵さんはワンマンとか言われたいへん批判されましたが、突破した力というのは、身近でご覧になっていてなんだと思われますか。

## ワンマンだからこそ思いやりが大事

**二宮**　それは「パッション、ミッション、アクション、そしてビジョン」だと私は思っています。また、リスク管理という話で言えば、川淵さんの言葉づかいはすばらしかった。サッカーで「戦力外」という言葉がありますね。スポーツ選手にとって、「戦力外通告」という言葉ぐらいむごいことはない。お前は戦力じゃない、使い物にならないということですから。川淵さんはそれを「構想外」と言った。つまり、オレの構想には入っていない、けれどほかのリーダーだったら構想に入るかもしれないよ、という希望を持たせているんです。仮に社長が竹中さん、私が部長だとします。竹中さんから「構想外」と言われても、竹中さんの下ではチャンスがないけれど、社長が替わったらチャンスはあるかもしれないと思います。ワンマンの中にもちゃんとやさしさ、人への配慮があるなと思いました。そのへんの言葉の使い方が非常にうまい。「独裁者」と自称しながら、あんなに優しい人はいません。

**竹中**　たしかに、**強いリーダーというのは、細やかなところが常にありますよね**。川淵さんのエピソードでおもしろいと思ったことがあります。プロ野球にはテレビ番組で、「珍プレイ好プレイ」があるんだけど、サッカーにはないそうですね。93年にJリーグが始まったとき、あるテレビ局が企画したのですが、「一生懸命プレイしている選手を笑いものにするとは何事か」と川淵さんが怒ったそうですね。そういう映像は協会からは一切出さないと。以後、その手の番組はなくなりました。社長だとしたら、従業員への思いやりがあるということです。ワンマンだからこそ、思いやりが重要ですよね。

**二宮** Jリーグ開催の宣言文に、「サッカーを愛する人」ではなく、「スポーツを愛する人」とあるんです。これは川淵さんが**練りに練った言葉**だったと思います。神経が細やかなんです。それに「木」ではなく「森」をしっかり見ている。

**竹中** やんちゃな人ほど、細やかさがあるというか。

**二宮** 小泉さんもそうだったんじゃないですか。

**竹中** 茶目っ気もあるし、やんちゃで、すごくやさしい人でした。

王さん、野村さん、川淵さん、それぞれ違うタイプのリーダーですが、共通しているところもあると思います。3人の共通点を、強いて挙げればなんでしょう?

**二宮** チャーミングなところですね。チャーミング、おもしろい、愛嬌がある。野村さんもブスッとした顔をしていますが、実はチャーミングです。

**竹中**　そうですよね。その点が、「スポーツはもともと楽しいものだ」という話にすごく通じるところがありますね。だから、スポーツのリーダーについて、もう一回ちゃんと考える価値があるのかなと思います。

**二宮**　人生って当たり前のことですが、だいたい80歳前後で死ぬとして、本当におもしろい時間はそんなに長くあるわけじゃない。その中で**どれだけ楽しいことがやれるか**、だと思います。よく「どういうリーダーが好きか」と聞かれるのですが、私は「この人とお酒を飲みたい」と思わせる人だと思います。川淵さん、野村さんもそうです。飲める、飲めないじゃなく、「酒を飲みたくなるようなリーダー」ですね。

**竹中**　ありがとうございました。

# 第5章

# ビジネス界のリーダー
# スティーブ・ジョブズ

［結果の平等は保証しないが、
機会の平等はみんなにある］

対談

竹中平蔵 × 井上智洋

## 新しい時代を築いたリーダー・ジョブズ

本章は、アップルの創業者であるスティーブ・ジョブズがテーマです。新進気鋭の経済学者である井上智洋さんと、デジタル・ＡＩ、第四次産業革命時代のリーダーシップについて考えたいと思います。

スティーブ・ジョブズを取り上げたのは、私なりに理由があります。

現代において、優れたビジネスリーダーは何人か出てきています。マイクロソフトのビル・ゲイツ、日本ではソフトバンクの孫正義、中国ではアリババのジャック・マーなどが、すぐに浮かぶのではないでしょうか。私自身、ビル・ゲイツ、孫正義、ジャック・マー氏らとは面識があって、個人的に話したこともあるのですが、スティーブ・ジョブズ氏とはついに話す機会がありませんでした。

スティーブ・ジョブズは１９５５年生まれ、私より４歳年下です。ほぼ同世代なのですが、**56歳の若さで他界してしまいました**から、一度も会えなかった。同世代で、新しい時代を築いた人なのに、一度も話せなかったことが本当に残念だなという思いがあります。

彼のことをそんなに詳しく知っているわけではありませんので、井上さんに手伝ってもらってジョブズについて考えてみたいと思います。

## 25歳で長者番付というサクセスストーリー

ジョブズは、シリア人の父、アメリカ人の母のもとに生まれました。母の実家が結婚を認めず、ジョブズは生まれてすぐ養子に出されています。5歳のときにアメリカ・カリフォルニア州パロアルトに移り、天才ぶりを発揮するようになります。

重要なのは、ジョブズが、アップルの共同創業者、ファウンダーの一人だということだと思います。ジョブズの人生について最も印象に残っているのは、**アップルの創業者でありながら、一度アップルを追放されている**ことです。人格的な問題があったかもしれないし、経営の企業予測の失敗があったのかもしれないのですが、とにかく創業者でありながら追放されるわけです。

そこに至るまでは、たいへんなサクセスストーリーです。アップルをつくって上場し25歳でフォーブスの長者番付入り、27歳でタイムの表紙を飾るという華々しい成功です。ところが、追放されてしまう。

しかし、ここからがジョブズのおもしろいところです。追放されてすぐ新会社NeXTを立ち上げます。またピクサーのCEOに就き、「トイ・ストーリー」「カーズ」などのアニメーション作品を製作します。このピクサーがディズニーに買収されたことで、結果的に彼はディズニーの大株主になり、さらに、NeXTがアップルに買収されたことで、**アップルに復帰する**ことになるのです。

## ■テクノロジーとアートの融合

私は2001年に、政府でIT担当大臣を務めていました。当時、マイクロソフトのビル・ゲイツ、アップルのスティーブ・ジョブズについて強烈な印象が残っています。

小泉内閣ができる前の1997年、ジョブズがアップルに復帰したときも、「こういう人が復帰するのか」と思った記憶があります。

そして2001年にiTunes、iPodを発売。その頃から、テクノロジーとアートが融合していく現象を、彼は我々に見せてくれるようになります。

2006年に私は政府から民間に戻りますが、翌2007年にiPhoneが発売されます。そのiPhoneが、今起きている**第四次産業革命の基本的なインフラを形成していく**わけです。

1997年から2007年という、ほぼ同じ時期、私が政策の仕事をしているときに、スティーブ・ジョブズがどんどん新しい時代を開いていったという記憶があります。

そして2011年、56歳の若さで亡くなりました。

彼をリーダーとしてどのように見るか。いろいろな視点があると思います。

私はリーダーの一つのタイプとして、「コンセプトリーダー」という概念があると思うのです。

「新しい時代はどういう時代か」というコンセプトを作ったジョブズは、まさにコンセプトリーダーだと思うのです。

私たちが生きている今の時代には、第四次産業革命が進んでいますが、それに伴ういろいろな問題がある。この時代のコンセプトは何だと思いますか？

「EU指令」の中に、各国でこういうことを考えるべきだというコンセプトが3つの言葉で表されています。そのコンセプトの1つめは、「スマート、Smart」。スマートフォン、スマートシティ、スマートグリッドのスマートです。

そして2つめは「サステナブル、Sustainable」。環境問題を考えるとき、サステナブル（持続可能）でなければいけない。

3つめは「インクルーシブ、Inclusive」です。全員参加でみんなに幸せがいきわたらなくてはいけない。

「Smart、Sustainable、Inclusive」。これはEU指令の中の言葉ですが、EUに限らず**今の時代をすべて言い表している**と思いませんか？

そして、スティーブ・ジョブズは、その3つのキーワードを全部持ち合わせていた人だと思います。

## 機会の平等はみんなにある

スティーブ・ジョブズは、アメリカの国家技術賞を受けた天才的な発明家です。21歳でアップルコンピュータを作り、そのあとNeXTで新しいOSを開発し、アートの分野にまで進出する。iPod、iTunes、iPhone、iPadを開発し、技術を駆使してまさに1つめの「スマート」を実現する――。そういうコンセプトリーダーが、間違いなくスマートの概念を体現していった彼であったと思うのです。

2つめの「サステナブル」。ジョブズは、失脚した後に復活して、そして会社を発展させていったという意味で、彼自身強い意志を持続した人だったと思います。「サステナブルな人」を体現しているのです。

3つめの「インクルーシブ」。ジョブズは**アップルの社長時代、自身の給与が1ドル**だったそうです。もちろんストックオプションで大儲けしていますから、給与なんていらないのでしょうが、ソーシャルセキュリティーナンバーの必要上給与の証明がいるということで、1ドルだけ給与をもらっていたということです。

彼は時代の最先端を走った人ですが、社会全体にそれを還元していたという意味で、インクルーシブでもあったと思います。

ジョブズが残した名言はいくつかありますが、その中でも印象的なのは「結果の平等は簡単に保証できないけれど、機会の平等はみんなにある」という言葉です。

たしかに彼はシリア人の子供として生まれ、苦労しながらも、**機会の平等を最大限に活用し成功**した。「インクルーシブな社会で、私たちは生きられるんだ」ということを人生において証明したのです。

つまり「スマート、サステナブル、インクルーシブ」を体現した彼は、可能性と困難に満ちている私たちの時代のコンセプトリーダーだったのだろうと思います。

## ジョブズが生きていたら、AIをどう捉えただろうか

もちろん、ジョブズにはいい面も悪い面もあったようですが、早く亡くなったことで、よりカリスマ性を感じさせるところもあります。

リーダーとして語り継がれる最大の要因の一つは、ものすごいチャレンジャーだったということです。数あるエピソードの中で私がおもしろいと思ったのは、「ヘアピンの実験」です。「ヘアピンに電気が通るのかどうか」を急に自分で確認したくなり、**ヘアピンを電気のコンセントに差し込んで、感電した**という話です。

そういう狂気というか、変わったところもあるわけです。

さらに、チャレンジャー精神を感じさせる話があります。

13歳の頃、彼はパロアルトに住んでいたのですが、当時最大のIT関連企業であるヒューレット・パッカードの社長ヒューレットさんが同じ町に住んでいることを知りました。そこで、電話帳で探して、電話をかけたというのです。

何か一つ部品をもらおうと思ったら、「アルバイトをしないか?」ということになり、ヒューレット・パッカードで働くことになったのです。

そして、何か新しいものを作りたいという提案をヒューレット・パッカードに拒否されたので、ジョブズは独立してアップル社を立ち上げたのです。

コンセントにヘアピンを差し込んだという逸話もおもしろいし、電話帳で調べてヒユーレットに電話をかけたのもおもしろい。彼は常に、すごいチャレンジャーであり、私たちに対して**勇気を与えるメッセージ**を送ってくれていると思います。

スティーブ・ジョブズは、「スマート、サステナブル、インクルーシブ」という新しい時代のコンセプトを体現したコンセプトリーダーであり、チャレンジャーです。激しさとカリスマ性があり、非常に大きなものを私たちに教えてくれたリーダーだったと思います。

日本の人工知能の第一人者である松尾豊さんが、「ＡＩの分野で非常に画期的な進歩があったのは２０１２年頃だ」とおっしゃっていました。スティーブ・ジョブズは、その前の２０１１年に亡くなっています。

スティーブ・ジョブズがＡＩについてどういった知見を持っていたのか。いずれにしても、第四次産業革命、デジタルでスマートな革命の中でスティーブ・ジョブズが果たした役割というのはものすごく大きいと思います。そしてそこから日本は何を学ぶべきなのかについて、井上さんと一緒に考えていきたいと思います。

対談

# 竹中平蔵×井上智洋

**井上智洋**（いのうえ・ともひろ）
経済学者・駒澤大学経済学部准教授。早稲田大学政治経済学部助教、駒澤大学経済学部講師を経て、2017年より現職。専門はマクロ経済学。最近は人工知能が経済に与える影響について論じることが多い。16年12月、日経ビジネス「次代を創る100人」に選ばれる。

## 残るのは「クリエイティビティ」と「ホスピタリティ」

**竹中**　まず、AI時代のリーダーシップを考えるうえで、あらためて「AIによって社会はどうなるのか」という点から、うかがわせてください。

**井上**　オクスフォード大学のマイケル・A・オズボーンが「雇用の未来」という論文の中で、無くなる確率の高い職業を並べています。この論文の通りに消滅するかというと、私はまったくそうは思っていません。これらの職業において、雇用が減ることはあるでしょうが、職業というのは簡単に消滅するものではないと思います。
汎用人工知能という言い方があります。人間のように、いろいろな作業を行うことのできる高度なAIをそう呼びます。汎用人工知能が現れたときも、残る仕事はなんだろうと考えた際に、私は「クリエイティビティ、マネージメント、ホスピタリティ」の3つを掲げております。まとめて「CMH」と私は言っていますが、こういった特徴を持つ仕事は無くなりにくいということです。これらは、リーダーに求められる資質でもあると思います。
企業の社長はクリエイティビティも、マネージメント能力も、ホスピタリティも持っていないといけないでしょう。ジョブズに関して言うと、この**「クリエイティビティ」と「ホスピタリティ」は、社員に対してというより消費者に対して、ものすごくあった**のではないかと思います。

**竹中**　消費者に対しての、「クリエイティビティ」と「ホスピタリティ」。

**井上**　はい。私も今iPhoneを使っていて、使い勝手がいいなと思っています。そういう意味で強い「クリエイティビティ」と「ホスピタリティ」を持って、優れた製品を世に送り出している人だなと思います。

**竹中**　現段階で、人工知能にとって苦手なことは何でしょうか。

**井上**　実は、クリエイティビティ、芸術的な創作はかなりできるようになってきているんですね。

例えばオランダの有名な画家レンブラントの新作であるかのような絵を、人工知能が描いてしまうということです。レンブラントの絵の画像データをたくさん読み込ませて、そこから人工知能が特徴を抽出する、ディープラーニングという技術を使います。そして、その特徴に基づいていかにもレンブラントが描きそうな絵をＡＩに描かせることができるのです。

または、バッハの作品と区別がつかないような音楽を作ることもできるようになってしまっています。

ＡＩ時代に何が人間にとって必要であり、大切かという質問をされると、日本人のかなり多くが「感性」と答えます。もちろん感性は大事なものではあるのですが、実はＡＩにとって苦手なことを考えたとき、**悟性、思考力のほうが重要だ**という現実があるのです。

## AIは深く思考することができない

**竹中** 「悟性」は、思考力と近い意味で捉えてよいですね。

**井上** そうですね。俳句、詩、短歌、音楽など、こういったものはもうすでに**AIによって創作が可能**です。ただし、より個性的で、より構成要素が多い創作物は、まだAI単独では創作不可能です。人間とAIがコラボして小説を書くという試みもありますが、AI単独でまともな小説が書けたことはまだありません。そういった構成要素が複雑な創作は、まだ難しいということです。

芸術だけではなく、ビジネスモデルや商品企画についても、人間の感性だけではなく、思考力を駆使して作られた一種の創作物であると考えています。まさにリーダーには、ビジネスモデルが作れる、ビジョンを提示できる能力が必要です。感性とともにより悟性を必要とするので、今のところAIにはできません。AIには、言語的な思考がほとんどできないということです。皆さん意外に思うかもしれないのですが、**今のAIに「考える能力」はほとんどないのです。**では何ができるのか。たくさんの数値データから、関係性を抽出する作業は人間よりはるかに得意です。ただし、言葉の意味というのがAIにはまず理解できません。

また、猫の画像を見て猫だと当てることはできるのですが、例えば政治や金融、民主主義といった抽象概念の意味がわかるかというと、ほぼわからないという状況です。そうした抽象概念を駆使して、例えば政治や経済について論じる、未来がどうなるかを考えてビジョンを描くといったようなことは今のAIにはまったくできません。

逆に考えると、人間にとってそれらがAI時代に不可欠な能力になってくるかと思います。

## リーダーに必要なのは問題を発見する力

**竹中** AIにはない抽象概念によって論じる力が、人間にとっての強みとなる?

**井上**　はい。そういった抽象概念を使った思考のことを、私は「概念操作」と呼んでいます。

概念操作という思考は、これからのビジネスではぜひ身に付けたほうがいいと思います。

では、具体的にどうやったら身に付くか。もう勉強するしかありません。哲学書を読む、経済学などについて勉強するということも概念操作ができるようになるいい訓練になるかと思います。

特に日本の教育の中では、哲学を教える機会があまりありません。

ジョブズは、かなり若いときに**哲学、中でも東洋思想にはまって勉強していた**形跡があります。そのときに、彼の特殊な優れた感性と悟性が磨かれたのではないかと思っています。

また、今のＡＩには問題発見・問題解決能力がありません。問題発見・問題解決能力というのは、実は私が学んだ慶應義塾大学ＳＦＣのコンセプトでもあります。在学当時は実はまったくピンとこなかったのですが、最近になってそうした能力がこれからの時代には必要だと身に沁《し》みて実感するようになりました。

身近な例を挙げると、「孫の手」という背中をかく道具があります。あの道具をＡＩが思いつくかというと、まず無理だと思うんですね。

ＡＩ・ロボットが「痒い」と感じるかというと、感じません。まずその段階で、「問題」が見つけられないわけです。さらに痒いところに手が届かないという、人間の身体感覚といったものも一切ありません。

例えば**孫の手が便利だ、無いと困るという問題意識がまずありません**し、孫の手の形についても、自分でかいてみて、この形だったらちょうどいいということがわからないわけです。

**竹中**　なるほど。たしかにそうですね。

**井上**　人間の身体性があるから、人間にとってちょうどいい解決法が思い浮かぶ。そうした問題解決能力が第一ということになります。

話は変わりますが、ＡＩ・ロボットによって、さまざまな組み立て作業が簡単になります。自動車産業では電気自動車が、ブロックのように簡単に組み立てられるなど、劇的に変化するでしょう。そういう時代になると、組み立てという作業に付加価値が要らなくなっていきます。これは、すでにパソコンや家電製品で起きていることです。

では「付加価値」は何に必要なのかということです。研究開発、設計、デザイン、ブランディング、マーケティングあたりがその対象になるのではないでしょうか。

これがまさに、ジョブズ率いるアップル社が得意だった分野なのです。iPhone の部品を日本の会社も作っていますが、**組み立てるプロセスは別に外注でもかまわない**のです。どういうデザインのものを作るか、作った商品がどういうふうに世の中を変えるか、我々のライフスタイルをどのように変えていくか――こうしたイマジネーション能力が大事であると思います。

## 文系でもプログラミングは体験すべき

**竹中**　その「イマジネーション能力」がジョブズにはあった?

**井上**　はい。まさにジョブズとアップル社にはありました。私はキャッチコピーとして「頭脳資本主義」という言葉を使っています。

研究開発、設計、デザイン、ブランディング、マーケティングとは、要するに頭を使う分野です。思考力がないと、これからの時代は生き延びていけません。極端な話をすれば、労働者の数は重要ではなく、頭脳のレベルが企業の売り上げ、ひいては一国のGDPを決定づける。これからの時代には、そんな資本主義がやってくるということを最近考えています。

AI時代に必要な人材というのをまとめますと、AIを研究開発できる人材も当然必要ですし、AIを使った商品サービスを提案できる人材、文系の人間も必要です。文系の人も理系的な素養、特に情報技術についてはある程度知っておく必要があるでしょう。できれば、一度はプログラミングを体験しておくといいかと思っています。

2020年から、日本でも小学校でプログラミング教育が始まります。「そんなにシステムエンジニアを養成してどうするんだ」と言う人もいるのですが、そういう目的ではありません。プログラミングを経験することによって、アルゴリズム的な思考を身に付け、**ITによって何ができて何ができないのかを理解できる**ようになります。

文系のビジネスパーソンになったとしても、アルゴリズム的思考をもとにビジネスを展開できる能力が必要になるのではないかと思います。

## ビジョンだけは外注できない

**竹中**　今後のAI時代に、我々にとって概念操作、頭脳資本主義、アルゴリズム的思考が必要であるということですね。そのうえで、今リーダーに求められる力とは何なのでしょう。

**井上**　私は、リーダーに不可欠な資質は「ビジョン力」と「情熱」の2つだけではないかと思っています。なぜなら、ほかのことは外注できるというか、**優秀な人を雇ってやってもらえばよい**からです。リーダー自身がすべての能力を持っている必要はないのですが、この2つだけは外注できないということです。

iPS細胞でノーベル賞を取った山中伸弥先生がよく言っている言葉があります。「日本人は、情熱がある人は多いけれどビジョンがない。だから、重要ではない方向にがんばってしまう」

私も、日本人はややそういう傾向があるのではないかと思います。まずビジョンがあり、それを実現するための情熱があるという順番でないと、うまくいかないでしょう。

「ビジョン力」の内訳としては、未来を検討する力、抽象的思考力、概念操作、問題発見・問題解決能力、独創的な発想などが考えられます。こうした力をジョブズは身に付けていた。

**竹中** それはなぜなのでしょうか。

**井上** ジョブズを語るうえでキーワードを挙げれば、「養子」という要素ははずせないのではないでしょうか。

ジョブズは、養子に出されたことを、「コンプレックスではない」と言っていますが、一方で「自分は捨てられた子供だ」ともらしたこともあったようです。

**竹中** やはり、**養子であったからこそ自己実現欲求や、ハングリー精神が強かった**という面はあっただろうと。彼はスタンフォード大学の卒業式で講演したとき、「Stay hungry, stay foolish」という言葉を残しています。たしかに彼の行動のいくつかは一見foolishだし、ものすごくhungryです。そういうところが、実は彼の幼児体験から来ている部分もあるのではないかと思います。

**井上** そのためにすごく自己承認欲求、人から認められたい欲求が強い人でした。そして、それは彼の人生においてプラスに作用していると思います。ある種の**ハングリー精神があったのは、この子供の頃の体験が根っこにある**でしょう。

ハングリー精神を持ちうるような原動力となる体験が、リーダーに不可欠というわけではありませんが、ジョブズの場合、あれだけのことを成し遂げる要因になっていると思います。

**竹中** 日本の偉人で言えば、高橋是清もそうなんですね。彼は実は大店《おおだな》の主人が使用人に生ませた子供で、養子に出されています。その生い立ちが彼のものすごいパッションにつながっている。ジョブズの人生もまた併せて考えてみると、たいへんおもしろいとらえ方ができると思います。

## ヒッピーからハッカーへの転身

**井上**　そしてもう一つのキーワードは「68年革命」です。１９６８年、パリでは五月革命というある種の過激な学生運動が起こりました。同時にアメリカではヒッピームーブメントが起こり、その頂点が68年だったと言われています。今につながるカウンターカルチャーと言えばいいでしょうか。若者が既成の権威や伝統的な慣習に反抗していた時代です。

ジョブズは学生時代、そうした運動にはほとんど参加しませんでしたが、ヒッピー文化にはどっぷりと浸っていたようです。裸足《はだし》で長髪、風呂に入らず、東洋思想に傾倒したり、放浪癖があったり、ドラッグをやったり、という人物でした。

ジョブズの前半生というのは、「ヒッピーからハッカーへの転身の物語」と私はとらえています。ハッカーというのは、この場合「ハッキング・クラッキング」するという悪い意味ではなく、**情報技術によって世の中を変えようとする人たち**のことを指しています。

では、「68年革命」や「ヒッピー」と呼ばれる人たちと、ジョブズが成し遂げたことは、どういう関係があったか。

「U2」というイギリスのロックバンドのボーカルであるボノという人物が、次のようにうまく説明しています。

「21世紀に発明した人々が、スティーブのようにサンダル履きでマリファナを吸うアメリカ西海岸のヒッピーだったのは、彼らは世間とは違う見方をする人々だからだ。アメリカ東海岸や英国、ドイツ、日本などのように、**階級を重んじる社会**では他人と違う見方をするのは難しい。まだ存在しない世界を思い描くには、60年代に生まれた無政府的な考え方が最適だった」(Isaacson 2011)

「無政府的な考え方」というのは、言い換えれば「68年革命の思想」ということになるでしょう。結局、「世界を変えてやろう」「今この世界にないものを見たい」という欲求なんですね。それが政治的な運動になっていったのが、68年前後。そして、政治的な運動から、「情報技術によって世界を変える」という方向に多くの人が転身していきます。その最たる例が、ジョブズであろうと思っています。

**竹中**　なるほど。私はよく村井純さん（慶應義塾大学教授）と話すのですが、彼は、**インターネットというのは「無政府の社会」である**と言うのです。政府はそれをコントロールしたがるのですが、それを排除し続けて、現在インターネットは無政府の社会の中に存在しているわけです。ジョブズは、まさにその申し子であるということだと思います。そして、ヒッピーからハッカーになって、情報を通じて世界を変えるということですね。

## アップル追放は最良の経験だった

**井上**　また、ジョブズが、マリファナだけでなくＬＳＤを体験したという話は有名です。

彼は、麦畑がバッハの曲を奏でるという幻覚を得たらしいのです。ジョブズはこう語っています。

「ＬＳＤはすごい体験だった。人生でトップクラスというほどの重要な体験だった。

これを使うと**コインには裏側があると、物事には別の見方がある**ということがわかった。金儲けではなくて、何かすごいものを作ろう。自分にできる限りいろいろなものを歴史という流れに戻すこと、人の意識という流れに戻すこと。それがわかったのはＬＳＤのおかげだ」(Isaacson 2011)

ＬＳＤの体験が彼の思想と切っても切れない関係にあり、いかに彼の人生を変えてしまったかがわかります。もちろんＬＳＤをやる必要はまったくないわけですが、何か異質的な体験をするというのが非常に大事なのだと思います。

ジョブズ自身もインドに行ったりしていますが、ほかの国に旅行に行くというのも異質的な体験かもしれません。それは、みなさんの中で探していただきたいと思います。

やはり何かの探求心があるというか、人と違う体験をしたいという欲求も大事なのかなと思っています。

**竹中**　「異質的な体験」というのはおもしろいですね。彼はエッセイの中で、アップルを追放されたときのことを「最良の経験だった」と書いています。「成功者の重荷から解き放たれて、挑戦者の身軽さを得た」と。

創業した会社を追放されるという屈辱的な事件さえも、彼はある種の異次元、異質的な体験として捉えている。ジョブズという人間を語るうえで、たいへん重要なポイントだと思います。


**井上**　はい。そして最後に一つ、「カリフォルニアイデオロギー」という言葉を挙げたいと思います。私は、この言葉を「情報技術によって世界の変革を目指した思想」と定義しています。一般には、ヒッピー的反権威主義とヤッピー的起業家精神の融合と言われています。

ヒッピーとは、長髪、風呂に入らず、東洋思想に傾倒、というような人たちのことです。ヤッピーというのは、主にどちらかというと東海岸、ニューヨークなどで成功した、いわばヤングエグゼクティブのような人のことです。

この、**ヒッピーとヤッピーの思想が合体したものをカリフォルニアイデオロギー**と言います。批判的に使われることも多いのですが、ここではあえて好意的に考えてみます。

既成の概念や伝統に縛られず、世界に対して何か新しいものを提示したい、世界を変革したい――そういうあり方をここではヒッピー的と考えます。それが政府を転覆させるといった政治的な運動につながるのではなく、「技術を使って起業し、世界を変えよう」というように、うまくヤッピー思想と結びついたもの。それがカリフォルニアイデオロギーであり、その申し子がジョブズなのではないかと私は思っています。

## 「あなたは一生砂糖水を売るのか?」

**竹中**　ジョブズはお金をごまかしたり、そのことで仲間と揉めたりするなど、けっこう人間臭いことをやっています。おもしろいと思うのは、彼が十代の頃に長距離電話をタダでかけられるシステムを作る話です。それは法律違反ですからしてはいけないんですが、こっそりお金を儲けるわけです。それで捕まらなくてよかった、今だったら捕まるよねと(笑)。まだ**おおらかな時代の中で生きてきた、生かされた存在である**と思います。ヒッピー全体がそうかもしれませんね。

**井上**　そうですね。そういうハッカー文化そのものが、違法すれすれだったり、違法なことでもやってしまうという部分がありますね。違法だからよくないと言ってしまえばそれまでなんですが、一方で、そこに**クリエイティビティの源泉がある**とも思います。

先ほど村井純先生の話が出ましたが、日本ではまさに村井純先生がカリフォルニアイデオロギーやハッカーの申し子みたいな人だと（笑）。起業はしていませんが、「情報技術によって世界を変革する」という、高い、そして強い志を持っている方だと思います。

**竹中**　たしかにそうかもしれません。

アップル時代のジョブズで有名な話に、ペプシのジョン・スカリーを説得するエピソードがあります。

ジョブズはスカリーに、「あなたは一生砂糖水を売るのか、それとも世界を変えるチャンスを得るのか、どっちだ」と言うんです。

「世界を変える」という思考が、彼の頭の中にはすごくあったのだと思うんですね。

この言葉を聞いて思い出したのは、孫正義さんの話です。70年代から80年代にかけて、日本ではたくさんのベンチャー企業が生まれました。中でも成功した、ソフトバンクの孫さん、H.I.S.の澤田秀雄さん、パソナの南部靖之さんが「ベンチャー三銃士」と呼ばれました。孫さんはこう言っています。

「その当時お金を儲けようと思ってビジネスを始めた人は、結果的にみんな失敗している。**世の中を変えたいと思って始めた人**が生き残っている」

これはジョブズにも通じる話だと思いました。

## スティーブ・ジョブズと織田信長

**井上**　まさにその通りですね。ただ、「マネージメント」に関しては、ジョブズはいい面と悪い面があったのではないかと思います。個性が強いと言いますか、好き嫌いが激しい人なので、自分が無能だと思う部下がいたり、何か気に食わないことがあったりするとすぐクビにしてしまうというところがあったようです。

そういう点でリーダーとして微妙なところもありますが、あれだけの成功を成し遂げた人ですから、悪い面はあったとしても、当然経営能力もあったと評価せざるを得ないと思います。

**竹中** その点をもう少しうかがってもよいでしょうか。

**井上** このシリーズでは織田信長を取り上げた回があるとのことですが、信長と少し似たところがあるかと思います。

時代の変革者であるという共通点のほか、2人ともちょっと気が短いところがある、そして自分の好み、好き嫌いが激しいんですね。ですから、気に入らない部下や、自分が無能だとみなした人に対してはかなり口汚く罵ったりしていたらしいです。**今なら許されないタイプの経営者**かもしれません。特に、若い頃のジョブズのような経営者では、社会的にバッシングをされてしまうのではないかと思います（笑）。

**竹中** たしかに、ジョブズというのはものすごいカリスマであり、性格的には織田信長と似たところがあったかと思います。織田信長は49歳で暗殺され、スティーブ・ジョブズは56歳で癌で亡くなっています。2人とも若くして亡くなっているからこそ、神格化されている面も共通しているように思います。

**井上**　ええ、そういった面もありますね。ただし、時代を変えていく人というのは、たとえマイナス面があっても、**より多くのプラスの面**を持っています。人類に対して、大きな喜びを与えているのかなと思います。

経営者という視点でジョブズの人生を見た場合、私が特に注目しているのは、ジョブズが最初に勤めた「アタリ」というゲーム会社の社長なんです。ジョブズは、いきなり「アタリ」を訪問し、居座って、「警察を呼ぶか、それとも自分を雇うか」とある種の脅しをかけて雇ってもらうんです。

さっき、ジョブズが風呂に入らなかったという話をしましたが、当時ものすごい体臭がしたそうなんです。そのせいで、ほかの社員たちはたまらず、「あいつを辞めさせてくれ」と言い出しました。でも、そのとき「アタリ」の社長は、ジョブズを辞めさせずに夜勤にしたんです。夜だったら、ほかの社員もほとんどいません。ジョブズを夜勤にしたことで、ほかの社員の反感を抑えて雇うことに成功したというエピソードです。

最近いろいろな会社に行って講演することが多いんですが、「ぜひ変人を雇ってください」という話をするんです。特に今の日本の企業は、変人を雇うということをしたがりません。

若い頃の、ヒッピーの変人だったジョブズを雇った、当時の「アタリ」の社長はすごいと思うんです。一見常識はずれでも「この人には何か才能があるんじゃないか」と見抜いたら、反対があったとしてもその人を雇う。経営者には、そういう**柔軟さ、あるいは応用力**のようなものが求められるのではないかと考えています。

## ビジョンが持てないのは自信がないから?

**竹中** 最後のポイントは、たいへん、おもしろいですね。慶應義塾大学SFCのアドミッションオフィス(AO)入試では、3人の面接官が面接をするんです。初期の時代、まさに井上さんが入学した頃の時代は、3人の合計点や平均点は関係ないんです。今3人のうち、一人が「この生徒はおもしろい!」と言ったら絶対合格にします。今はだいぶ保守的になっているのですが、非常に変わった人が合格していました。井上さんもその一人かもしれないですけど（笑）、非常に変わった人が大化けするという可能性があると思うんです。

1点お聞きしたいことがあります。先ほど、山中伸弥先生が「日本人には、パッションはあるけれどビジョンがない」とおっしゃったという話がありました。私もそう思います。あらためて、短絡的な質問で恐縮なんですが、それではどうしたらいいと思いますか。なぜそうなったのか、そして、どうしたらいいと思いますか？

**井上**　私は、**日本人にもともとビジョン力がなかったわけではない**と思います。

2つ理由があると思います。

一つめは戦争に負けたことだと思っています。戦前は、よいか悪いかは別にして、「大東亜共栄圏」という一つの大きなビジョンがあったわけです。そういうビジョンを掲げて世界進出しようとしたのですが打ち砕かれ、言葉は悪いですが、アメリカの従属国の立場に置かれました。ですから、ビジョンや思想を作るのはアメリカやヨーロッパであり、日本人はそれを単に輸入すればいいという、「奴隷根性」のようなものが蔓延《まんえん》してしまったのだと思います。

自分たちで新しいビジョンを作り、それを世界に発信しようという気概がなくなってしまったのではないでしょうか。

2つめは、この二十数年のデフレ不況です。この期間に、日本人がかなり保守的になってしまっている。その端的な表れとして、**中学生がなりたい職業ランキングの3位くらいに公務員が入っている**んですね。

もちろん、公務員の人はすばらしい仕事をしていると思います。けれど、中学生が「生活が安定している」という理由で公務員を志望する国に未来はない。私はそう思います。こんなにも保守的になってしまうと、未来に向けて、どう世の中を変えていけばいいかというビジョンは生まれようもないでしょう。

このあたりが、日本人が自信を失ってしまった理由、大風呂敷を広げること自体を嫌がる傾向が強まってしまった理由ではないかと考えています。

景気のいい状態を維持できれば、もっと前向きになるのかもしれません。景気が上向いてきていると言われる中、私の教え子にも起業したいという学生が増えています。

少しずつ、日本が勢いを取り戻しつつあるのではないかと思っています。

## 鎖国により、「とことん深める」日本文化が育った

**竹中**　一つは、戦後、ビジョンを持てないような仕組みが作られたということですね。自民党保守派に言わせれば、それがやはり「憲法」だとなるでしょうか。現憲法は押し付けられた憲法であり、自分たちで憲法を作ることこそが、日本国がビジョンを持つ第一歩だと。

前々から思っているのですが、このすばらしい日本文化を作った一つの要因は江戸時代の鎖国にあるのではないでしょうか。鎖国政策というのは家光の時代にとられますが、それによって「ここから出てはいけない」「この範囲の中で執行しなさい」となる。ですから、その一つの分野で、とことん深めるわけです。深めて深めて、それが匠《たくみ》の技になり、**茶道、華道などすばらしく深い日本的な文化**を作っていくわけです。

これは、例えば産業にも表れています。新しい技術のフロンティアが広がっていな

いときは、アメリカと同じものをいかに安く、軽く、性能よく作るかという発想になります。日本は深める技術がすごかったわけですね。

ところがインターネットの時代になると、技術のフロンティアが一気に広がるようになります。すると、日本人は深めることは得意なので、**iPadの部品は作れますが、システムそのものを作るということはあまり考えたことがなく、不得意**なのです。

こういう例はいくつもあります。例えば日本が誇るものの一つはウォシュレットだと思いますが、実はウォシュレットの考え方そのものはアメリカから出てきているわけです。ところが、アメリカではちゃんとしたものが作れなかった。日本では、ものすごく性能のいい、ウォシュレットを緻密な技術をもって安く作りました。

このように、深めることが得意だという文化を、日本は誇りにしていいと思います。逆に何か広げようとすると、今のメディアの典型ですが、徹底的に叩くわけです。何か新しいことをやると、必ず若干のいろいろな副作用は出てきます。その副作用ばかりを叩いて、新しいことができなくなってしまっているのではないでしょうか。

## ジョブズはいっぱい失敗もしている

**竹中**　実は、つい先日安倍総理と食事をしました。何か新しいことをやろうとすると徹底的に叩かれて、印象操作をされる。それがまた人をどんどん萎縮させる……という話をしました。それが、実はデフレと重なって今の世の萎縮を招いていると思うんです。

ジョブズはＮｅＸＴの時代、新しい製品を作ると言ってはほとんど失敗しています。でも、最後はやり遂げるわけです。日本では、「調子が悪くてもとにかくやってみようよ」ではなく、完璧な製品を作らないとマスコミから袋叩きにされるという風潮があります。つまり「アジャイル」なやり方を認めない。そういう点をどう変えていくか。

私は、ジョブズのカリスマ性と同時に、いっぱい**失敗しているという面もぜひ学ぶべき**だと思っています。井上さん、いかがでしょうか？

**井上**　今、竹中先生のおっしゃっていたことを、私も感じています。

デフレ不況の期間、**失敗を許さない、あるいは突出した人を叩いて引きずり降ろす**ということがよく行われています。何かとレッテル張りをして、みんなでバッシングするということも非常に多いと思います。

もっとみんなが前向きになれる、そんな社会でないと、起業家やおもしろいことをやろうという人、クリエイティビティのある人はなかなか出てこないのではないかと思っています。

ただ、アメリカでも東海岸と西海岸で違うように、やはり文化的土壌というのは大事だと思います。西海岸の開放的な気候があったからこそ、ヒッピー文化やハッカー文化が育ってきたという面はあるでしょう。日本の気候は変えようがないですが、我々はもっと「いかに開放的な社会を作るか」ということを考えたほうがいいと思っています。

**竹中**　アメリカの東海岸と西海岸では、本当に違いますよね。表面的な違いを言えば、西海岸ではスーツを着てネクタイを締めた人がリュックを背負っているわけですね（笑）。一方、ニューヨークであれば、まずアタッシュケースを持っています。西海岸では、形式にこだわらず、「便利で自由にしようよ」という空気をすごく感じます。井上さんは、「研究開発、マーケティング、ブランディング」、このあたりがアップルは非常にうまかったとおっしゃいました。そしてデザイン。ジョブズの名言の中に、デザインに関するものが若干あります。「デザインというものは、見た目ではなく新しいものを達成するプロセスである」という趣旨の名言があったと思います。

ＡＩ時代には、デザインが非常に重要になってくるということです。デザインシンキングなど今もてはやされていますが、これはどのようにご覧になっていますか？

**井上**　実をいうと、ＡＩにもある程度デザインはできます。アメリカの「グリット」という会社はデザイナーを一人も雇わず、全部コンピューターでデザインしています。ある程度は自動化されていくわけですが、デザインを含めたアートの分野では、結局最初に斬新なデザインやアートを生み出した人が偉いわけです。

例えばバッハは、最初にバッハ的な曲を作ったから偉いのであって、バッハ以降の人が**「バッハっぽい曲」をいくら作って威張っても、それはしょせん真似ごと**でしかありません。

デザインでも、斬新でかつ人々に受け入れられやすいという2つの要素を兼ね備えることは非常に難しいところであり、人間にしかできないことだと思います。今までのデザインのパターンを読み込ませ、AIがパターンを抽出し、それっぽくかっこいいデザインを作ることはできます。ひょっとして、斬新なものもできるかもしれない。けれど、それが**人にとって望ましかったり心地よかったりするかどうか**は、人間の感性、脳でしか判断できないわけです。特に、斬新なアートやデザインをよいと思う判断は人間にしか下せないので、そういうものを作る人の能力は今後もかなり重要視されていくと思います。

## ジョブズが生きていたらどんな展開があったか

**竹中**　スティーブ・ジョブズは2011年に亡くなっています。そして2012年頃から、いわゆるディープラーニングの実用化の技術が急激に進歩して、AIが一気に出てきたわけです。AIは、井上さんがおっしゃるようにビッグデータとからませることで機械学習ができるようになり、画像認識などもできるようになりました。もしもスティーブ・ジョブズが２０１２年以降も活躍していたとしたら、彼はどんなビジネス展開をしたんでしょうか？　彼が作ったiPhoneやiPadに基づいてビッグデータが集まるわけですよね。そのビッグデータがＡＩによって活用されているわけです。本当に「たられば」で恐縮なんですが、もしアップルに今もスティーブ・ジョブズがいたら、ＡＩに向けてアップルはどういった戦略をとっていたと思われますか？

**井上**　かなり難しい問いなのですが、アップルも含めた「ＧＡＦＡ」と呼ばれるアメリカの巨大なＩＴ企業は、ＡＩに対して莫大な研究開発投資をしています。当然ジョブズもその重要性にいち早く気付き、研究開発を進めていただろうと思います。

私は講演で、「ＡＩなんかよくわかりません」という年配の方たちに対してお話しするときにまず、「Siriを使ったことがありますか？」という話をするんですね。恐らく**身近にあるＡＩの中で、「Siri」が特にイメージしやすい**ものかと思います。

「Siri」はiPhoneに組み込まれているものですが、そうやってＡＩアシスタントや電子秘書などをどんどん発達させていったのかなと思います。

Windows にもそういう電子秘書は入っているんですが、みなさん使っていないですよね？　それだけ iPhone は優れたＡＩアシスタントを搭載していると思います。ジョブズならそれにこだわって、もっと利口なものにしていたかと思います。

**竹中**　「たられば」ですみませんでした。よく、ジョブズ的な感性を持てと言いますよね。ジョブズは東海岸のエスタブリッシュメントにはない感性を持って、独自のやり方を貫きました。

２０１２年以降というのは、**次の感性が要る時代**だと私は思っています。知り合いの30代のＡＩベンチャー企業経営者が、「自分は今の10代にはついていけない」と言うんですね。まったく違う次の感性が求められている、と。ですから、スティーブ・ジョブズが今いたら、30代か20代の人に社長を譲り、「思い切って自分の若い頃のようにやれ」と言っているのではないかと、ちょっと想像をしております。

参考文献：Isaacson, Walter (2011) Steve Jobs, Simon & Schuster.（井口耕二訳『スティーブ・ジョブズ １・２』講談社、２０１１年）

# あとがき

偉大なるリーダーというのは、必ず反発されますが、また尊敬もされるものです。例えば、イギリスのマーガレット・サッチャー元首相がそうでした。彼女は「リーダーは好かれなくてもよい。しかし尊敬されなければならない」という名言を残しています。

何か新しいことを始めようとすれば、必ず既得権益とぶつかります。憎まれるに決まっているのです。この本で取り上げた人物はすべて、憎まれながらも尊敬されているリーダーだと思います。

偉大なリーダーが出現するときというのは、経済社会構造が大きく変化する時期といえるでしょう。

例えば、先にも述べましたが大化の改新は教科書では単なるクーデターのように書かれていますが、経済社会構造の変化と海外からのプレッシャーが背景にありました。唐という強力な国家が生まれ、新羅を通じて日本に圧力をかけてきていました。中大兄皇子は、中臣鎌足と共に、蘇我氏の一極支配を排し、天皇を中心とする強い中央集権国家を作ろうとしたのです。実は、中大兄皇子と中臣鎌足は、遣隋使であった南淵請安という僧の塾で知り合いました。隋の滅亡と唐の建国をまのあたりにした請安に、中国のすさまじい力や新しい知識を学んだ二人が、「日本を変革しなければならない」という強い思いを共有したのです。

織田信長が生きた戦国時代も、またしかりです。世界は大航海時代であり、コロンブスが世界一周をし、日本にもキリスト教、鉄砲などが伝わりました。だからこそ、国がまとまらなければならないと、織田信長は天下統一をはかり、その後、豊臣秀吉、徳川家康が続いたのです。

明治維新は非常にわかりやすい、「黒船」という外国からのプレッシャーがありました。世界は帝国主義時代に突入。1840年にはアヘン戦争が起き、清がイギリスに敗北し、実質的な植民地となってしまいます。

1871(明治4)年、大久保利通は岩倉使節団の一人として渡欧し、当時のドイツ宰相ビスマルクに会っています。ビスマルクの家で夕食に招待され、ドイツはイギリスやフランスに比べて遅れてきた国であり、だからこそ「上からの強引な近代化が必要だ」という話を聞きます。

大久保は、日本もまったく同じだと考え、内務省を作り、殖産興業政策を進めました。権力を強くするために、内務省に警察組織も入れています。しかし、大久保は、強引な権力志向をうらまれて、暗殺されてしまいました。

内務省は現総務省であり、総務大臣室には現在も「為政清明」という大久保の書が掲げられています。

昭和の時代には、池田勇人首相というリーダーが登場しています。池田は「所得倍増計画」を、ブレーンであったエコノミスト下村治とともに提唱しました。下村の「投資が投資を呼ぶ」という理論は、当時のメインストリームの学者からことごとく反対されました。しかし、下村は毅然と反論し、実際に1960年代の日本は年10%

の経済成長を遂げたのです。

池田勇人、下村治、二人とも大蔵省出身ですが、ともに病気をしてエリートコースからはずれた人物だという背景も印象的です。


そして、今また日本にとって変革の時です。時代がリーダーを求めるのであり、現代がまさにその時期だと思います。

偉大なる歴史に残るようなリーダーが出てきてほしい、いえ、出てこなければなりません。そして、それは少しでも早いほうがいいのです。

ただ、残念ながら、現代の日本はリーダーが生まれにくくなっています。メディアは、善し悪し関係なく権力者を叩き、冤罪《えんざい》を作り出します。しかし、そうしたレピュテーションリスクを超えるカリスマ性を持つ人物が、必ずや現れると信じています。

時代が大変早いスピードで動いている今、デジタルネイティブ、ミレニアム世代の若い人のなかから出てくる可能性が高いのではないでしょうか。メディアでいくら叩かれようと、「この人は信頼できる」という人物が現れると信じています。

一方で、国や企業のトップでなくとも、プロジェクトやチーム単位であったり、誰もが「リーダーシップ」を意識せざるを得ない時代とも言えます。もちろん、家庭の主婦も、家庭の「リーダー」といえます。

小泉純一郎元首相は、芝居やオペラを見ながら、「自分がその立場だったらどうするか」をいつもシミュレーションしていたそうです。

みなさんも、自分がリーダーだったらと考えてみるといいと思います。

例えば、自分がオリンピック大臣だったら何をするだろう？

サミットの警備担当だったら？

国政選挙に出馬するなら公約として何を挙げる？

など、真剣に考えてみるのです。これなら、だれもがトレーニング可能なのではないでしょうか。

また、日本ではまだまだ女性のリーダーが少ないのが現状です。女性のためのリーダープログラムが必要なのではないかと考えます。出産、育児がありうることを前提としたうえで、リーダーになるにはどうしたらいいのか。

一方で、男性にも育児休暇を義務づけるなどの政策が必要だと思います。フランスでは育児休暇が義務付けられており、「夫が父親になるためのトレーニング期間」だと言われているそうです。

リーダー自らが、率先して育児休暇を取るくらいの時代にならなければならないと思います。当然、リーダー不在でも組織は回るようになっていないとならないのが大前提です。


歴史に残るような国家のリーダーが、一日も早く現れてほしいと願っています。その一方で、一人一人が仕事や家庭においてリーダーシップを意識してみることが、日本全体の活性化につながるのではないでしょうか。

この本がその一助となることを願っております。

# 竹中平蔵

たけなか・へいぞう

アカデミーヒルズ理事長／東洋大学教授／慶應義塾大学名誉教授

1951年、和歌山県生まれ。一橋大学経済学部卒業。博士（経済学）。ハーバード大学客員准教授、慶應義塾大学総合政策学部教授などを経て、2001年小泉内閣で経済財政政策担当大臣を皮切りに、金融担当大臣、郵政民営化担当大臣兼務、総務大臣を歴任。2006年よりアカデミーヒルズ理事長、現在東洋大学教授、慶應義塾大学名誉教授。ほか、株式会社パソナグループ取締役会長、オリックス株式会社社外取締役、SBIホールディングス株式会社社外取締役、世界経済フォーラム（ダボス会議）理事などを兼務。

『経済古典は役に立つ』（光文社）、『竹中式マトリクス勉強法』（幻冬舎）、『構造改革の真実　竹中平蔵大臣日誌』（日本経済新聞社）、『研究開発と設備投資の経済学』（サントリー学芸賞受賞、東洋経済新報社）など著書多数。

本作品は、竹中平蔵氏オンラインサロン「竹中流21世紀リーダー塾」による対談イベント（P.24～56）及び幻冬舎大学とアカデミーヒルズのコラボレーションセミナー「私が選んだ世界の名リーダー」全4回の講演内容をもとに、大幅に加筆修正をしたものです。

結果を出すリーダーはどこが違うのか

2019年10月25日　第1刷発行

編著者　竹中平蔵
発行人　見城 徹
編集人　福島広司

発行所　株式会社 幻冬舎
〒151-0051　東京都渋谷区千駄ヶ谷4-9-7

電話　03(5411)6211(編集)
03(5411)6222(営業)
振替　00120-8-767643
印刷・製本所　中央精版印刷株式会社

検印廃止


Printed in Japan
ISBN978-4-344-03525-6　C0095
幻冬舎ホームページアドレス　https://www.gentosha.co.jp/

この本に関するご意見・ご感想をメールでお寄せいただく場合は、
comment@gentosha.co.jpまで。